『〈からだ〉の文明誌』――フランス身体史講義

増補改訂版

髙木　勇夫

敬愛する母と亡き祖母に
永遠の〈いのち〉がさずけられますように

『〈からだ〉の文明誌』――フランス身体史講義　目次

第Ⅰ部　普遍的な〈からだ〉

第一章　宮廷バレエから古典バレエへ　11
舞う国王／古典とロマンの相克／現と夢のあいだ

第二章　パリ劇場通信　31
パノラマの時代／グラン・ブルヴァール／グランド・オペラ

第三章　人文主義とスポーツ　51
「オ・パ、キャマラド！」／ボディ・コンタクト／ボールゲームの系譜

第四章　下着とジェンダー　69
下着の英仏抗争史／女の理想、男の夢想／みえないコルセット

第五章　身体史としての女性史　89
聖視と賤視／工業化社会での新展開／実存的「女の一生」

第Ⅱ部　公共的な〈からだ〉

第六章　建築における古典とロマン　107
古典主義の建築作法／建築家受難の時代／モダンの表象
第七章　閉じこめの論理　131
国家監獄／収容所都市パリ／〈こころ〉の救済から〈からだ〉の拘束へ
第八章　パンデミーの時代　151
身体史の時代区分／身体の境界線／パストゥール化
第九章　万博都市の光と影　169
物から記号へ／博覧会の世紀／パリの万博遺跡
第十章　コロニアル・デザイン　187
共和国の名による植民地統治／世界戦争と植民地博覧会／リヨテ伝説の変容
補　遺　感性と身体　205
客体としての身体／主体としての身体／身体性の回復
注および主な参考文献　218
初出一覧　240
あとがき　244

第Ⅰ部　普遍的な〈からだ〉

第一章　宮廷バレエから古典バレエへ

一　舞う王国

舞踊術あるいは振付法を、フランス語ではコレグラフィーという。古典語の決まりに忠実な英語やドイツ語ではコレオグラフィーとなる。その語根の源をたどると、古代ギリシアの演劇にいたる。すなわち合唱（コーラス）や聖歌隊（クワイアー）という言葉と同じで、演劇の進行をつかさどる歌舞団（コロス）からきている。面白い挿話をたくさんもりこんだ昔の百科事典『19世紀ラルース』でコレグラフィーの項目をひくと、そもそもフランスにバレエなるものが登場したのは16世紀のことという。

まずは、バレエの黎明期を象徴するエピソードをひとつ紹介しておこう。国王シャルル9世は１５７3年にポーランド王に推載された弟アンリ（やがて兄のあとをついでアンリ3世となる）をむかえるために来朝した同国大使をもてなそうと、王族やおもだった家臣を動員し、大規模な催しをおこなった。その場には、前年に起きた新教徒の大量殺戮事件「聖バルテルミーの虐殺」を生きのびたナヴァール王アンリ（ブルボン王朝の始祖アンリ4世）もくわわっていた。

アンリ3世が即位してからの宮廷もまた、かずかずの象徴的な催しでいろどられた。１５８１年に王の寵臣ジョワイユーズ公爵と王妃の妹との結婚式が、王母カトリーヌ・ド・メディシスも臨席して盛大におこなわれた。ヴァロワ王朝は中世の封建社会の意識をひきずって制限王制にあまんじたという印象がある。

まして末期には宗教的な対立が深刻で、とても王権の伸張どころではなかったというのが一般的な見方だが、宮廷主催の祝祭が次のブルボン王朝による絶対王政推進の足がかりとなったことも確かである。

さて、ここからが本題となる。ジョワイユーズ公爵の結婚式に関連する行事として、パリのプチ・ブルボン劇場で上演された『王妃のバレエ・コミーク』が、バレエの歴史の始まりとされる[1]。この劇場は、当時はまだ中世のたたずまいをのこしていたルーヴル城塞の向かい側に建っていた。モリエールの劇団もパリで再デビューしたころはここを拠点としたのだが、17世紀なかばにとりこわされ、列柱廊で有名な現在のルーヴル宮殿東面の敷地にくみこまれた。バレエ史の多くに採用されている木版画をみると、王国とその近親のみが着席し、あとは床と壁面をおびただしい数の観客がうめつくしている。演者と観客が演劇空間を共有できる劇場形式の原点をしめしている。同じ場面をうつした色彩の華やかなタペストリーが、メディチ家の本拠であるフィレンツェのウフィッツィ美術館に収蔵されているという。

そのメディチ家から出た二人のフランス王妃が、フランスのバレエの歴史にそくした劇場の物語の草創期の主役をつとめることになる。その最初であるカトリーヌ・ド・メディシスは、豪奢公（イル・マニフィコ）とうたわれたロレンツォの曾孫にあたり、莫大な婚資とともに皇太子時代のアンリ（のちの2世）に嫁したのだった。武術でみずから汗をながすことをこのんだ夫が馬上槍試合（トーナメント）で悲劇的な死をとげたあと、彼女は三人の息子を順に王国の座にみちびいた。とかくその権謀術数があげつらわれるが、宗教戦争にゆれる王国の統一を曲がりなりにも維持した女傑であることは間違いない。彼女はルネサンス期のイタリアで発展した宮廷作法や料理法をフランスにもたらしただけでなく、ヨーロッパの政治的覇権をもとめるこの国のために、演劇やバレエを積極的に導入したのだった。

『王妃のバレエ・コミーク』の空間的な特質は、短形の大広間のしつらえにあわせて、舞台が大きく中央にせり出していることである（図1a）[2]。両脇に神の乗り物である雲と牧神の遊ぶ林、奥にこの楽劇のヒロインともいえるシルセ（ギリシア神話に登場する魔女キルケーのフランス語読み）がすわり、その背後に魔法にかけられた宮殿がそびえている。楽曲にあわせて豪華な衣装をまとった神がみと英雄が登場し、バレエをするというよりはむしろ優雅に舞うという感じ。踊り手たちは、天の気をよびこみ地の霊をしずめるような所作をしたのではなかったか。このバレエ劇の演出家バルタザール（・ド・ボージョワイユー）の創意は、イタリアの都市国家で発展した楽曲とダンスを、ひとまとまりの演劇として合体させたところにある。ただしかし、台詞のある劇とみずからの作品を峻別して、これがバレエ・コミークという言葉の原義につながるのだが、あくまで舞踊劇として演じとおした。言葉に重きをおくか、あるいは身体表現か。言葉と身体の対立の構図が演劇史の基軸をなす。そうした演劇の岐路において身体に軸足をうつしたの

図1a　「王妃のバレエ・コミーク」

がバルタザールだった。

以下、バレエの歴史にそくして、劇場の物語をたどっていきたい。１９８０年代以降はモダン・バレエの動きにも新味がみられなくなり、古典期をとびこえてバロック期にたちかえろうとする試みがなされた。太陽王ルイ14世がまとったアポロンの衣装を復元する舞台もあった。ひと昔前なら時代錯誤とわらわれただろうが、現時点ではモダン・バレエの行き詰まりを打破するための、時間をさかのぼっての探求といえよう。そうした現実的な要請もあって、宮廷バレエの舞台と衣装を紹介した図版史料が数多く出版されるようになった。

１６３５年の『サン＝ジェルマン森の妖精たち』（図1b）を例にとって、草創期の宮廷バレエの特質をかんがえてみよう[3]。ルイ13世の弟はオルレアン公爵（ルイ14世の弟に始まる家系とは別）に封じられガストン・ドルレアンと名乗る。国王に世継ぎができないあいだはガストンが皇太子の地位にあった。貴顕と道化の二面をしめす衣装をまとった王弟は、いつでも兄王にとってかわる気概をみせる。二人の母であるマリー・ド・メディシスこそ、メディチ家出身の二人目のフランス王妃なのだが、この演

図1ｂ　『サン＝ジェルマン森の妖精たち』
上・半道化の入場（王弟ガストンと取り巻き）
下・森の王アリゾンとその妃ペレット

目ではおぞましい魑魅魍魎《ちみもうりょう》の類としてえがかれる。アンリ4世の後添《のちぞえ》となったマリーの波乱に富んだ生涯は、ルーヴル美術館に陳列されているペーター・パウル・ルーベンスの巨大な画面（１６２２〜１６２５年）でたどることができる。そこでは福ぶくしい顔で描かれている彼女が、森の支配者アリゾンの眷属《けんぞく》ペレットに姿をやつし、猫にガウンの裾をひかせて登場するというのも洒落がきつい。外国出身の王妃にたいしては、国民的歴史の立場からしても世人の評価がきびしくなりがち。とはいえアリゾンのほうも、ヴェール・ギャラン（元は森の盗賊、のちに女たらしの意味に）と仇名された故アンリ4世をあてこすっているようだから、ガストンの親不孝は相当のものである。

そして、いよいよフランス政治社会の絶頂期といえるルイ14世の時代がやってくる。『夜のバレエ』（１６５３年）で黄金色のコスチュームをつけアポロンを演じた若き国王は、やがて太陽王の名を冠せられる。ところが、絶対君主のイメージをうらぎって、成人する前の国王は大宰相マザランの庇護下にあり、我がままがゆるされるような状況になかった。その宰相は母后と男女の仲であると噂されたものだ。もちろんフロンドとして知られる大貴族や自治都市の反乱を力ずくでおさえた宰相にたいする、根拠のない誹謗中傷（マザリナード）のたぐいだったのだろうが。国王自身はルーヴル宮殿にすんでいた幼時に賊徒に寝所まで侵入され、生涯パリの街を愛せなかったといわれる。

やがてマザランが世を去り、親政を開始した１６６２年から、ルイ14世は自然と人間を服従させようとする意思をバレエの演目をとおして表現していく。おりから造営中のヴェルサイユ宮殿が、そうした国王の決意をしめす場となった。ヴェルサイユの庭園のそこかしこで催されたバレエの演目は、古代の神位をしたがえ、中世の地霊をあやつる、きわめて異教的な雰囲気のものだった。フランスだけでなく当時の文明世界の全体に号令する姿勢を明らかにするための、青年国王の政治的な示威行動だったのだ[4)]。

自作の喜劇を演ずる劇団をひきいたモリエールも、太陽王の政治的意図にこたえるためにヴェルサイユに出仕したのだった。モリエールの本名はジャン＝バチスト・ポクランといい、富裕な市民層の出ながら旅回りのベジャール一座にくわわって、長く地方を巡演したのちにパリへ凱旋した。かれの創案になる「コメディ・バレエ」は性格喜劇にくらべて文学的な評価が低いようだが、当時の政治社会の動向にてらしてみると、非常に重要な役割をになっていた。たとえば、『町人貴族』（１６７０年）は前年に来朝したオスマン・トルコ使節にたいするフランス宮廷側の対応のまずさを茶化したものである[5)]。みすごすわけにはいかない外交上の失態を演劇の場にうつしかえて大笑いする。国王の身を超然とした立場におけば政治的なマイナスをとりかえせると、側近たちはかんがえたのだろう。あるいは、国王自身の発案だったかもしれない。そもそも、カトリック世界の守護者を自任するフランス王が、しばしば異教の神にみずからをなぞらえるというのも奇妙なことだ。先には、聖職者の欺瞞をあばいた『タルチュフ』（１６６４年）の上演をさしゆるし、既得権益にどっぷりつかった特権階級に緊張感をもたせようとしたこともあった。

ヴェルサイユに宮廷をうつした１６８２年以降となると、ルイ14世は外征にいそがしく、自身でバレエを演ずることはなくなる。18世紀初頭には、老いて輝きをうしなった太陽王は歌舞音曲をとがめさえした。ヴェルサイユの祝祭にも独創的なものはみられなくなり、おのずとパリのオペラ座がバレエの中心地となっていく。専門職の集団としての舞踊アカデミーや音楽アカデミーは、王候につかえるだけでなく、文明の純化という大目標をかかげていた。現在でもバレエ用語の多くはフランス語に起源し、国家の政治的役割がおとろえたのちも文化の精髄としてうけつがれている。

パリでもミラノでもそうだが、オペラ劇場にバレエ団（コール・ド・バレエ）が所属するというのは、ヨーロッパ大陸諸国以外ではかんがえにくい。だが、ここまで説明してきた宮廷バレエの歴史にそくしてみると、必然的な経路だったといえる。また、伝統が正しくうけつがれるように、五つの基本型を始めとする体や手足の動きをしめす記譜法が考案された[6]。ルイ14世の演技もそうした記譜にとどめられている。国王の舞い姿を記譜にかさねあわせると、その場面の雰囲気がじかにつたわってくるようだ。

劇場の物語という観点からフランス「古典主義」の時代のバレエをあらためてふりかえっておくと、何よりも目をひくのが天空と洞窟の形象である。太陽王の結婚式にさいして企画された『ペレとテティスの結婚』（1654年）のある場面では、舞台が二層構造になっている。その機構をささえるために多様なせりあがりの機械装置が考案された[7]。ルネサンス期イタリアにおこった劇場の、遠近法にもとづく舞台装置がその原点である。並列式とよばれるように、もっぱら水平方向に強調されていたそれを、フランスのバレエ劇では垂直方向にもひろげた。踊り手たちは踵のある靴をはき、しずしずと舞った。舞台上の趣向として、人間技のおよばない超自然的な雰囲気をかもしだしたことだろう。幾人かイタリア出身の機構師（マニシスト）の名ものこっているが、ここではパリのチュイルリ宮殿の劇場機構についてふれておきたい。１８７１年のパリ・コミューンのおりに焼失したこの宮殿の北側の翼には、「機械の間《ま》」と名づけられた劇場がくみこまれていた。貴人と庶民の別なくパリの人士がまねかれ、一時はオペラ座の本拠となり、のちには大革命を推進した国民公会の議場として利用された。18世紀末のイギリスで鋼鉄の製造がはじまり、鋼線（いわゆるピアノ線）をもちいた宙吊りが登場する。重力から解放され、自在に天駆ける踊り手たちの姿は、神話や妖精の世界を表現する上で不可欠の趣向となった。娯楽に背をむけた革命下のフランスでは、王朝時代の劇場が国会の議場に転用されたのである。

二　古典とロマンの相克

18世紀前半のパリ・オペラ座の舞台では、シュブリニー嬢、プレヴォ嬢、マリー・サレ、ラ・カマルゴなどの舞姫たちの活躍がめだった(図1C)。プレヴォ嬢の絵姿に、古典古代の絵の習いにそくしてセミ・

図1ｃ　プリマ・ドンナの競演
左：プレヴォ嬢、右：タリョーニ嬢

ヌードで踊っているものがあるが、実際の舞台では華麗な衣装を身にまとっていたはず。面白いのは、現実ではありえない古典的理想美としての図を、後世の踊り手がバレエの原点とみなしたことだ。プレヴォ嬢の足元に注目すると、トゥ・シューズでこそないが、古代ふうのサンダルをはいている。いわば理想の履き違えから、超絶技巧を売り物にする19世紀のロマンティック・バレエが、あるいは生身の〈からだ〉を重んじるモダン・バレエが生まれたということになる。

あくまで伝統に忠実に華麗に舞ったサレ嬢にたいして、ラ・カマルゴは踵のある靴を捨て、男性の専売特許だった跳躍技を女性として初めてこころみた。サレ嬢もまた負けじと、ロンドンでの公演で舞踊服の代わりに薄ものの衣装をひるがえして評判になった。宮廷バレエが市民バレエにうつりかわっていく時代を象徴する出来事である。サレとカマルゴ両嬢の競演は、その後のバレエ界でしばしば見られたプリマ・バレリーナ同士の鍔ぜりあいの端緒となった[8]。

18世紀もなかばになると、バレエの観客が王侯貴族から市民階級に拡がっていく。パリの定期市演芸から身をおこしたジョルジュ・ノヴェールの行動の軌跡は、その間の過程を反映している[9]。かれは演劇的要素を強調したバレエの諸形式をつくりだした。いったんはオペラ座にむかえられたものの、宮廷オペラの伝統をまもる主流派とあいいれず、西南ドイツやオーストリアを転てんとし、革命期にはイギリスに難をされることになる。ノヴェールが新趣向のバレエを上演した舞台は、ヴェルテンベルク大公国のルードヴィヒブルクにある劇場だった。その緞帳には、宮廷バレエの一場面になぞらえて、天空にうかぶ古代神話の神がみが描かれている。客席はバロック期の劇場に典型的な「釣り鐘型」をしている。階層がそのまま身分差を反映するという時代の制約こそあれ、演者と観客の一体感をうみだすにはもってこいの形である。

１７６３年にこの劇場で初演されたノヴェールの代表作『ジャゾンとメデ』は、啓蒙思想家ヴォルテールの作品に依拠したもので、「バレエ＝トラジーク」という新ジャンルの代表作である。このバレエ劇に登場するのは、魔術につうじたメデ（ギリシア神話のメディア）、ジャゾン（伝説の金羊毛を手にした英雄イアーソン）、そしてかれが見そめた娘クレユーズ（ギリシア語ではクレウーサ）の三人である。黒海沿岸にまで遠征した英雄をたすけて首尾をとげさせ、ともにギリシアにのがれた魔女は、情人との甘い生活にひたる間もなく、年若い競争相手の出現におびやかされる。その娘に短剣をつきつけるメデの前にジャゾンが身をなげだしたところが、劇のクライマックスである。

１７８９年にはじまるフランス革命は、劇団の組織や演劇の形式には大きな爪跡をのこしたが、バレエの歴史そのものにはさほど影響していない。むしろ、反革命的な態度をあからさまにした19世紀前半のロマン主義のほうが、バレエの演者や上演形式に革命的な変化をもたらした。一般史の理解では、革命の理性崇拝とロマン主義の感性重視が対抗する。ところが、生身の〈からだ〉については、ロマン主義こそ近代化を促進したといっていい。歴史教科書のおしえるところとは違って、革命と反革命、理性と感性、個人と社会、それに自主性と共同性といった、それぞれ相反する要素が複雑にからみあって、近代の政治社会が形づくられているのだ。

その証拠に、ロマンティック・バレエの形式が古典（クラシック）バレエの名でいまも尊重されていることがある。フランス文化史上の約束事にてらせば、古典というのはあくまでギリシア・ローマの「古典古代」、絶対王政期フランスの「古典主義」、あるいは革命前後に流行した「新古典主義」をさすはず。ところが、バレエと音楽にかんしては、古典という言葉がロマン主義段階の事象に適用される。その根本にある原因は、市民革命が必然的に流血の惨事をともなうものであっただけに、体を傷つけたり命をうしなうといった事態から古典主義は目をそむけたためであろう。観念を優先させ身体を軽視する革命精神とは逆に、ロマン主義は古代のヒッポクラテス主義や中世のメルヘンをよみがえらせるなど、いささか古めかしい手法をとった。思想的には復古調だったとしても、身体の都合を重視し、個人の身体をその持ち主の意志にゆだねようとした点で、ロマンティック・バレエは舞踊の歴史を前進させたのだ。

『ジゼル』（1832）はたんにメルヘンに取材したというだけでなく、精神世界への畏怖の念をあらわすような現代的な主題をあつかっている。ロマン主義の時代を代表するバレリーナの代表格がタリョーニ嬢。娘の専属の振付師となった父親フィリッポにきびしくしこまれ、バレエの歴史で初めてボワント、すなわち爪先立ちでおどった。ジゼルの役ばかりは、同時代にあって彼女以外にはこなせなかったといわれる。41年の『ラ・シルフィード』では、純白の衣装に身をつつんだバレリーナが、この世のものならぬ軽やかな姿態をみせた。白物バレエ（バレエ・ブラン）がここに定着する。

ロマン主義の時代から20世紀なかばまでの百年間は、女性の踊り手の黄金時代とされる。人気のバレリーナたちが研をきそい、ときに対照的なふたつの個性がきわだって、満都の人気をわかちあった。その典型的な例が、当のタリョーニ嬢とファニー・エルスラーの競争である。イタリア出身で信仰心のあついタリョーニ嬢とは対照的に、オーストリア出身のエルスラー嬢は異教的な魅力にあふれていた。当時のオペラ座監督ルイ・デジレ・ヴェロンはエルスラー嬢に必要以上に肩入れするようにみえ、あれこれと噂されたものだ。このヴェロンは医学博士の肩書きをもつ容貌魁偉な人物で、他人の発明した軟膏の販売権をえて巨万の富をきずき、7月王政政府にとりいって場違いとも思えるその地位をえた[10]。利にさとい監督が、技巧にすぐれたタリョーニ嬢の独走を牽制するために、容貌にひいでた新人エルスラー嬢を起用したというのが、ことの真相のようだ。

絶対君主にもくらべられる権限をもつ監督が君臨するパリ・オペラ座の組織は、ギルドの遺制をおもわせて、いかにも機動性と柔軟性にかける。19世紀なかばには、そこに政治的陰謀がからむ。観劇にきたブルボン王朝の世継ぎベリー公爵が暗殺されたり、しばしば劇場が火災にみまわれたりして、まがまがしい雰囲気がただよっていた。第2帝政期に建設に着手され第3共和政の初期に完成した現在の劇場(オペラ＝ガルニエ)に落ちつくまで、パリ・オペラ座はしばしば移転を余儀なくされた。照明設備も、千本以上の蝋燭のきらめき(これが頻繁な火災の原因ともなる)からガス灯、さらにアーク灯へと変わっていき、新説なった劇場でようやく1880年代に電灯がともされた[11]。しかし、そのころには伝統墨守の姿勢が強くうちだされ、たとえばロマン主義の代表的な音楽家エクトル・ベルリオーズの作品は、ついにオペラ座にかけられなかったほどである。1989年に革命2百周年を記念してバスチーユ広場に第2オペラ座（オペラ＝バスチーユ）が開場したさい、ようやくかれの『トロイの人びと』がフランスで初演されたという因縁話があるほどだ。そもそもの原因は、作曲家がオペラの第2幕にバレエの場面を挿入する決まりをまもらなかったためだとか。監督の姿勢がどうこうというのでなく、オペラ劇場にバレエ団が属するという王朝ふうの習いが災いしたとしかおもえない（第二章を参照）。

三　現《うつつ》と夢のあいだ

古典バレエは、しかし思わぬ時と所で大きな実をむすぶことになる。マリウス・ペチパ（フランス語ではプチパ）という男性の踊り手で、やがて振付師として名をなした人物がいる。かれが19世紀なかばにロシア宮廷にまねかれて腰をおちつけてから、にわかにロマンティック・バレエが寒冷地で勢いをえた[12]。その兄ジョゼフ・リュシアン・プチパも、エルスラー嬢の相手役をつとめたほどの踊り手だが、結局はバレリーナの引き立て役の立場にとどまった。弟のほうは、性的な魅力によりかからず、あくまでバレエそのものの技法を高めようとしていたから、男性の踊り手の養成に熱心にとりくんだ。

もちろん西欧文明に病的なまでの憧れの念をいだくピョートル・チャイコフスキーの音楽を抜きにし

てロシアにおけるバレエの隆盛をかたることはできない。ロシアの舞踊と民族音楽には、西洋と東洋、前近代と近代、古典と革新、精神と身体、絶対王権の現実と平等社会の理想などが、矛盾をかかえこんだまま綾錦《あやにしき》と織りこまれている。その絢爛たる絵模様が、またバレエの魅力を高めた。さらに帝国の首都サンクト・ペテルブルグに建設された巨大なマリンスキー劇場が、彼岸と此岸の往来を可能にした。1877年にそこで初演された『白鳥の湖』は不評のまま うちすてられ、お蔵入りする運命だったのだが、95年にペチパとその助手によって新解釈の振付がなされると、一転して大成功となったものだ。92年の『胡桃割り人形』では、紙芝居のような額縁舞台が瞬時にとりはらわれて、抽象的な装置がおかれた奥行きの深い精神世界に転換する。現《うつつ》と夢、日常世界と異次元の世界、普遍的な人類愛と過酷な民族伝承、それらを媒介させる身体の浮遊感覚が、ロシア産バレエの真骨頂といえよう。

20世紀初頭、ロシアでつちかわれた古典バレエの人脈が世界に展開していく。その中心にあったのが、元は音楽家だった貴族セルゲイ・ディアーギレフである。第1次世界大戦前夜の露仏接近を背景として、フランスにロシア文化を紹介する任務をゆだねられたディアーギレフは、すぐれた踊り手で振付もよくしたミハイル・フォーキンの協力をえて、1900年にパリのバレエ界での最初のシーズンをむかえた。その成功を呼び水にして、11年の『火の鳥』など、話題作をぞくぞくと発表する。きわめて短期間のうちに、ロシア・バレエ団には世界最高の折り紙がつけられた[13]。

やがてフォーキンはディアーギレフのもとを去り、まだ若い男性の踊り手ワツラフ・ニジンスキーに後事がたくされた。ニジンスキーは1912年にクロード・ドビュッシーの音楽『牧神の午後の前奏曲』に想をえた作品を発表する。フォーキンの叙情性を過去のものとみなしていたニジンスキーは、極度なまでに動きをおさえた振付で注目をあつめた。ぶち模様の着ぐるみに身をつつんだニジンスキーが、ゆっくりとまどろみのなかから立ちあがる。かれは左右へのわずかな動きだけで、素朴で好色な牧神の性格を表現する。場面転換にさいしては、横一列にならんだ女性たちが登場し、ギリシアの壷絵にヒントをえたという平面的な所作で場面を転換させていく。まさしく古代ギリシアの歌舞団（コロス）につうじる趣向であり、演劇史の原点にたちかえろうとする動きである。初めは滑稽としてか見えない登場人物たちの姿は、印象派の音楽のゆったりとしたテンポにあわさると、霊的な意味を感じさせるものになる。のちに同じ音楽が、モダン・バレエのダンサーたちによってくり返しとりあげられた。パリのオルセー美術館が開館して間もないとき、ニジンスキーの回顧展が企画され（1989年）、そのさい筆者もオリジナルと後世の作品を見くらべることができた。後世の牧神たち、たとえばセルジュ・リファールは、きたえた肉体と切れのいい技をみせるために、上半身は裸、下半身を肌に密着したタイツでつつみ、舞台狭しととびまわる。ところが、動きの少ないニジンスキーの体から発する迫力を再現することはできなかった（図1C-bis）。

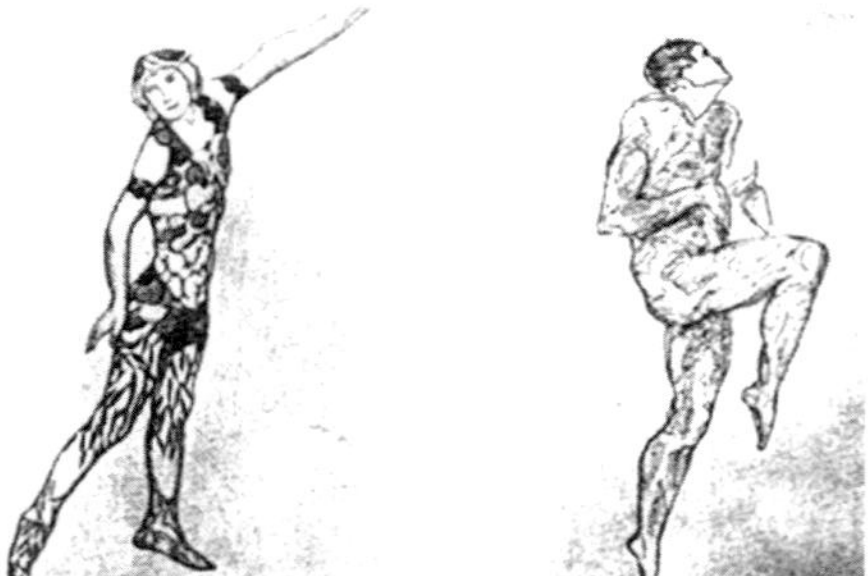

図1c-bis　ニジンスキー
左：「バラの精」、右：「牧神の午後」

モダン・バレエの踊り手が身につけるレオタードは、19世紀的な華麗な衣装にたいするアンチ・テーゼであり、剥き出しの〈からだ〉そのものを意味する。市民バレエからモダン・バレエへの展開を〈からだ〉の復権という程度の意味あいでうけとめていると、第1次世界大戦を前にして彗星のように現われたニジンスキーの存在は脅威としかみえない。20世紀初頭の時点ですでに、身体に霊的な存在感をもたせた舞踊が登場したことに驚かされる。かれにあっては〈からだ〉でなく〈こころ〉が剥き出しにされている。舞踊と音楽と舞台のそれぞれの要素に審美眼をもち、全体としての融合をはかったディアーギレフは、新時代を切り開いた演劇理論家であったには違いない。バレエの伝統を新鮮に再解釈したフォーキンをすぐれた振付師とするのに、これまた異論はない。ところがかれらのバレエへの貢献は、伝統に何かをつけくわえるという性格のものである。それにたいしてニジンスキーは、裸体をさけ、動きをおさえる方向をめざした。裸の〈からだ〉があらわすのは、ありのままの姿をしめすことが善であるというような近代主義的な倫理感である。精密にきざまれる時間の流れを無視するかのように、ゆるやかなテンポで舞ったニジンスキーは、鉄壁ともみえた近代精神を軽がるとのりこえている[14]。

ところが、ニジンスキーの長い後半生には、現と夢のあいだならぬ、正気と狂気のあいだをさまようという残酷な運命がまちうけていた。とはいえ、言葉よりも身体、虚構よりも自然に重きをおくかれの演出法は、舞台芸術を舞台の枠からときはなった。生活感をにじませた身体や自然ではなくて、時間や空間の制約をまぬがれた超歴史的な存在としての人間を見つめることで、身体文化は芸術たりうる。

本章の最後に、宮廷バレエから市民バレエ、そしてモダン・バレエへの展開という舞踊の歴史にそくして、劇場の物語を生彩あるものにした身体文化の歴史をまとめておきたい。宮廷バレエはルネサンス期のイタリアに端を発し、絶対王政期のフランスで花開いた。その演目に登場するのは、古代地中海世界の記憶と中世のメルヘンがないまぜになった、神人融合の物語である。古典古代と古典主義の文学作法がむすびつき、フランスは政治外交の面のみならず、身体文化の面でも当時の文明世界に覇をとなえた。とはいえ、18世紀から19世紀にかけて、フランス革命の前後2百年のあいだに、劇場の機構などではすでにイギリスの創意がまさり、フランスはその後塵を拝するようになっていた。

それでもなお、19世紀前半にはロマン主義の旗印のもとに、オペラ座を筆頭とするパリの劇場が工夫を凝らした演目をそろえている。文化史上では対立概念であるはずの古典主義とロマン主義は、バレエの世界では融合して、切っても切りはなせないものになった。宮廷バレエの段階では王侯にしか供覧されなかった妖精劇が、革命後には市民層の趣味にあわせて舞踊劇にしたてられた。こうして、ロマンティック・バレエが古典の名を冠して、いまにうけつがれている。

フランスの市民社会に胚胎したロマンティック・バレエは、北欧やロシアの支配層の心をとらえ、ヨーロッパの外縁の地で新たな開花期をむかえた。なかでも20世紀初頭のロシア・バレエ団の活躍は特筆ものである。身体表現の限界をきわめた天才ニジンスキーがその先頭に立ったときには、華やかな伝統に裏打ちされたバレエの過去の演目すべてが、くすんで見えたほど。ニジンスキーの時代をへてのちは、バレエやダンスは社交の手段や鑑賞の対象にとどまることはできない。プロの演者もアマチュアの愛好家も、生身の〈からだ〉の可能性を表現する場として、それを意識せざるをえなくなったからである。

現代のヨーロッパではここ30年ほど、バレエ人気の衰退がいわれつづけている。仕込みに莫大な費用がかかり、団員の養成に手間どるせいである。とはいえ、バレエの修練をとおして身体を活性化させようという声も高まっている。体育教育としての舞踊の効果が宣伝され、学校や公共の体育館でダンス競技がさかんにおこなわれている。一般の演劇では、文学的な修辞や、あるいは役者の台詞回しが興味をつのらせるが、それだけに言葉に大きく依存することになる。言葉が一人歩きする現代だからこそ、言葉をできるかぎりおさえて身体に人生と夢をかたらせる舞踊の深い意味が再認識されている。踊りの場も、伝統的な劇場だけでなく、日常生活に近い場に、ごくさりげない形でもうけられるようになった。そうした意味では、「劇場の物語」はいよいよ終焉をむかえたという感じがする。

その一方で、あらためてバレエの4百年の歴史をなぞろうとする動きもある。ここでいうロマンティック・バレエの演目もさることながら、本来の意味での「古典主義」の時代の宮廷バレエが復活上演される機会がふえている。そのさいに注意すべきは、歴史の復興とは、過去そのものの正当化ではありえず、あくまで現在の立場からする過去の再解釈であるということ。身体表現では、歴史概念としてのルネサンスとバロック、古典主義とロマン主義、あるいは伝統と革新などという対立軸が、ないまぜになりがちである。身体に不可避的に内包されたさまざまの対立項をふまえて、具体的には個別の動作がどのような歴史的由来をもつのか、立ち位置がどのように決定されるのかなどについて思いをめぐらしながら、踊りの場の検証をしていくべきだろう。

第二章　パリ劇場通信

一　パノラマの時代

19世紀初頭のパリの興行街では、ロバートソンのファンタスマゴリーが人気をあつめていた（図2a）。ロバートソンは本名をエチエンヌ・ガスパール・ロベールというベルギー人で、革命のさなかにパリにのぼり、巨大反射鏡のアイデアをフランス共和国政府に売りこんだという。軍艦といえども木製だった時代のこと、古代のアルキメデスよろしく、それでもって大英帝国の艦隊に火をつけて燃やそうというのだ。気球の開発にも名をとどめる物理学者（フィジシャン）なのだが、その職名でよばれた旅芸人もいた時代のこと、かれもまた興行師のような一面をあわせもっていた。

図2a　ファンタスマゴリー

当時パリで人気の幽霊（スケア）ショウ……（中略）この発明品は、ヴォルテール、ルソー、マラー、ラヴォワジエといった大革命期フランスの英雄や有名人の幽霊を不気味な煙の只中に呪呼して、客に

喜ばしくもおぞましい興奮を与えるのだった。[1]（小池滋・監訳）

ファンタスマゴリーとは、革命期に非業の死をとげた人物たちの似姿を映し出す一種の幻灯だったわけだ。ロバートソンはそれに新機軸をくわえて観客の前に亡霊たちが何かうったえるような仕草をしながら、かつあらわれ、かつ消えたという。場内にはった煙をスクリーン代わりにして虚空に映像をうつしだしたのだろう。

同種の仕掛としては単純ながら、「俯瞰する眼差し」を庶民に提供して、より長く愛好されたのがパノラマである。[2] 18世紀末イギリスのロバート・バーカーの考案になる見世物だが、革命からこのかた途絶えがちだった英仏両国間を自由に往来できたアメリカ市民ロバート・フルトンは、この新奇な見せ物をパリに招来した。ちなみにフルトンは、ハドソン河での商業運航（１８０７年）に先だって、セーヌ河に蒸気船をうかべている（03年）。その前後から１８３０年代初頭まで、「パノラマの時代」とでもいうべき民衆娯楽が花開く。19世紀の世界首都（メトロポリス）であるロンドンとパリに流行したパノラマの文化論は、すでに論じつくされた感がある。湾曲したスクリーンに絵をえがき、暗くした室内で局所に強い光をあてて、観客をひとときの幻想世界にいざなう簡単な装置だが、それはそれで人間精神の発展の歴史に一時代を画した。パノラマにおける時間と空間の歪みは、後世の万国博におけるモノと記号の展示における歪みを先取りするものだった。あまねく物をみせつけることで観客の視線を満足させると同時に、物の背後にある社会関係をむしろ視線から遠ざける。そうした視線の誘導によって、記号の世界の表象を実態からひきはなしているのだ。そこには「透明なまなざし」などは存在しない。むしろ、企画する側の意図が露骨にしめされる。そしてその意図とは、物の世界のスペクタクル性をもとめるメトロポリス住民の、うつろいやすい身体的な価値観に媚びたものにならざるをえなかった。

１８３０年代までパリの話題をさらった「パノラマ」の評判記については、同時代人のエドモン・テクシエによる『タブロー・ド・パリ』に次のような記述がみえる。

シャンゼリゼのマリニー広場はディオラマ、パノラマ、ジェオラマ、ネオラマ、ナヴァロラマ等々、あらゆるラマの叢生の場……。モスクワの炎上、オイラウの戦い、この二つの名場面はパリ全都を感動させた。[3)]

パノラマの数ある競争相手のうち最も強力だったのが、上の引用にある最初のもの、ジャック・マンデ・ダゲールの開発したディオラマである。[4)] 映写幕の前後ふたつの方向から光をあて、一瞬のうちに場面転換ができるように工夫した仕掛である。かつてヴァリエテ座やオペラ座の大道具係として、のちには銀板写真（ダゲレオタイプ）の創始者として名をあげることになる人物の才能を、いかんなく発揮したものだった。

銀版写真から始まってさまざまな感光材料が開発され、安価に写真を楽しむことができるようになると、肖像画家が職をうしなう一方で、写真家という新しい職業がなりたつようになった。[4] エチエンヌ・ジュール・マレーの分解写真は人体の働きにたいする関心を高め、リュミエール兄弟のシネマトグラフを生み出すことになる。これが一般に映画の直接の起源とされ、19世紀における映像文化の面でのフランス人の貢献を見事にしめくくっている。

とはいえ贔屓目に見ても、パリが民衆文化の都だったのは、1830年代から、せいぜいが1860年代までのわずかな期間にすぎなかった。その短いあいだに、コメディ・フランセーズの正統派演劇が凋落するのを尻目に、ロマン派劇、歴史劇、妖精物（フェリー）から出発したレヴュー（20世紀に合衆国で花ひらくミュージカルの先駆けとなる）、ブルヴァール劇とよばれた中産階級向けの人情劇（いわゆるメロドラマ）、民衆向けのパラード（劇場の前で演じられる呼びこみ代わりの寸劇）などが発展していく。グランド・オペラや喜歌劇の新作がパリで次つぎと発表され、オペラ座や喜歌劇座（ブッフ）の輝きもいっそう増した。[5]

さらに前世紀には台詞のある芝居を禁止されていたアクロバットやパントマイムなど、近世以来の定期市演芸も独自の演目を開拓する。フランコーニ兄弟団を名乗ったサーカスによるナポレオン軍の戦闘場面の再現や、オリオールのクラウン芸は広く大衆の支持をあつめた。ジャック・ウジェーヌ・ロベール=ウーダンによる奇術の革新、アモロス大佐に始まる体育家たちの活動、ジュール・レオタールによる空中ブランコ芸の創始などが、世間の身体的な価値観を一変させた。[6)]
昼夜の別なく降りそそぐ人工の光、理性の教えをふりすてた感情の高まり、自然をあざむく身のこなし。新時代を予告するそうした身体的な意味づけの変化から、来たるべき産業社会を賛美する装置が必要とされてくる。老若男女、身分と階級、それに政治的主張の別をこえて人びとが群れつどう都市的装置。身体を媒介項として新奇な表現をきそう、こうした社会を背景として、万国博覧会という近代的な装置が誕生した（第九章を参照）。

19世紀の万国博で特筆されるべきは、物の展示と同時に、応用的な学問分野の研究集会（カンファランス、あるいはシンポジウム）がひらかれたことである。19世紀後半の50年間だけをみても、そのテーマは秩序ある進歩、新時代の道徳、そして自然との調和へと変わっていった。そうしたスローガンから開催者や観覧者の世界観がうかがわれる。研究集会とならんで、万国博開催にあわせてさまざまな見世物も用意された。「19世紀パリ・街の話題」の年表には、パノラマの演題、芸能界のスキャンダル、スポーツ・イヴェントなどが満載されている。[7)]

なかでも人間の展示には興味をそそられる。百貫デブや親指トム、シャム双生児など異形の者を見せ物にしたり、異邦人の展覧がパリ馴化園（ジャルダン・ダクリミナシオン、ヴァンセンヌにうつる前の動物園があった）の名物になっていたことなどに、現代人ならば眉をひそめることだろう。ところが、そうした不定形の身体にたいする素朴な好奇心こそ、万国博の初期の精神を体現していたのだ。人気をあつめた見世物そのものではなく、その流行ぶりに、市民の素朴な感性が浮き彫りにされる。物の展示にかたむけられた情熱が、万国博会場におしよせた人びとの期待を物語ってもくれる。

二　グラン・ブルヴァール

この項では19世紀半ばの人気風刺画家アメデ・カムの才筆によって描き分けられた観客の表情を参考にしながら、パリの演劇界をざっと眺めておこう（図2b）。画家のカムというのはなかなかの奇人で、歴としたノエ伯爵（方舟でしられるノアと同名）の御曹司でありながら戯画の世界に入り、「カリカチュールのオッフェンバック」と称されるほどの人気をえた。[8] ノエの不肖の息子だからカム（旧約聖

図2b　風刺画家カムによるパリ劇場の観客タイプ

書のハム）と洒落たのだ。さて、パリ劇壇の桧舞台はなんといっても国立劇場（テアートル・フランセ、これを本拠とする劇団がコメディー・フランセーズ）である。中世以来の受難劇に由来するオテル・ド・ブルゴーニュ座と、モリエールの死後も結束をたもっていた盛名座（テアートル・イリュストル）の一同が合体した1680年が、この国立劇団の出発点である。19世紀初頭に出た名優フランソワ・ジョゼフ・タルマはナポレオン1世を後ろだてとし、どちらかというと口下手だった英雄に演説の指導をしたともつたえられる。ところが、1826年にタルマが亡くなってからは、古典作品を旧態のまま上演する保守的な姿勢もきらわれて、少しく不振をかこっていた。

革命期に国立劇場として新設され、帝政期にジョゼフィーヌの恩顧をうけて「帝妃劇場」とよばれたオデオン座は、1841年に第2国立劇場として再出発した。しかし、この劇場ならではといった演目をそろえるのに苦慮している。このオデオン座と、ボビノという愛称で学生客や高等遊民をあつめたリュクサンブール劇場、それにパンテオン座の3館がセーヌ左岸に位置する。元はコメディ・フランセーズも左岸を本拠としたのだが、19世紀にはアンシエンヌ・コメディ（旧劇団）通りという名に痕跡をとどめるだけ。オデオン座の敷地は、そもそも革命期に国立劇場として計画された場所である。現存する建物は、第1帝政期に再建されたもので、華やかな劇場街が右岸にうつって、すでに久しい時期のことだった。19世紀なかばの観客は、帝政をなつかしむ旧軍人である。国立劇場の老女と同じく、旧態依然の芝居をみにきたわけではなく、昔語りをするために朋輩をさがしにかよってくる。1850年代初めにオデオン座の舞台でいっとき人気となったのが、風刺画家でもあるアンリ・モニエの演ずる『ジョゼフ・プリュドムの栄光と悲惨』（1852年）である。[9]

いまや国立劇場は、7月王政をになうオルレアン家の権力を象徴するパレ・ロワイヤル南西の一角を占めている。パレ・ロワイヤルの回廊には、その名を冠した劇場が別に存在した。革命前後に座元として大成功したラ・モンタンシエのパリ進出の拠点であり、のちのヴァリエテ座の遠祖ともなる。[10] 革命期のパレ・ロワイヤルには影絵芝居を演じる小劇場もあったが、のちにグラン・ブルヴァールの西端に近いバザール・ウロペアン（ヨーロッパ・バザール）にうつり、子供向けの劇場にふさわしくセラファン（天使の意味）座と名のる。パレ・ロワイヤルの東方、コンコルド広場の北にあるマドレーヌ寺院から、セーヌ右岸を円弧状に東西につらぬく一連の街路が、往時の目抜き通りグラン・ブルヴァールである。[11] 16世紀のパリ市内を郊外とへだてた濠の跡が19世紀の劇場街となった。最新流行の品物を並べたグラン・マガザンとかマガザン・ド・ヌヴォテとよばれる専門店や、演劇や音楽会を催せるほどの大規模なカフェが軒をつらねる。この、いわゆるカフェ・コンセールではさまざまなイヴェントがひらかれ、時の話題を提供したものだ。19世紀末に初めて映画が上映されたのも、そうした大規模なカフェのひとつ、その名もグラン・カフェだった。

グラン・ブルヴァールでも繁華な西側一帯には、オペラ座への近道となる公共通路、いわゆるパサージュのひとつが表通りに顔を出している。[12] その反対側には、オペラ・コミック座（ブッフ）へぬける道も見える。イタリア・オペラの常打ち館であるイタリアン座もほど近く、この地区は19世紀前半に世界のオペラの殿堂となった。喜歌劇の様式はパリで確立され、グランド・オペラの名作も数多く初演された。可憐な歌姫が喉をきそい、敏腕の監督が巨万の富をきずくことになる。当時のオペラの特徴については後段にゆずり、道を東にとって劇場街探訪をすすめよう。

向かって右手に目に入るのがヴァリエテ座である。先に名をあげたラ・モンタンシエが、かつてのコメディ・イタリエンヌの役者たちをあつめて創設し（ヴァリエテ・モンタンシエ座）、やがてそこに属した歌手たちは喜歌劇座の母胎となった。ヴァリエテ座のほうは１８０７年に風俗や人情に取材した現代劇を提供することを理由に存続をゆるされ、中間演劇の開拓者となった。１８５５年にはパリ万国博の開会にあわせて上演されたジャック・オッフェンバックの喜歌劇で大当たりをとる。

大通りから少し寄り道して、ヴァリエテ座のある場所から南へさがると、商業取引所（ブルス）に面した広場に出る。そこには１８４０年から61年まで、ヴォードヴィル座があった。38年に火災にあって以来、界隈のカフェ・コンセールを転てんとしながら風俗劇を上演してきた劇場が、ようやく常設の舞台を再建したのである。火事で焼け落ちる前には、「世紀の阿呆役者」エチエンヌ・アルナルの演技で客席をわかせたものだ。新築なってから50年代には文芸路線に転換し、アレクサンドル・デュマ子《フィス》の作品を多く手がけるようになる。

ふたたび大通りにもどり、さらに東へ向かうと、ルイ14世の北方遠征を記念するサン・ドニ門とサン・マルタン門がそびえ立っている。二つの門のかたわらに、新作の演劇を上演する劇場がいくつかまとまっている。まず目に入るのがジムナーズ座。劇場の西隣には固焼きのビスケット（ガレット）の売店がある。国立劇場を目指す若手の練習舞台として１８２０年に設立されたというのが劇場名の由来である（操練の意味で、アクロバットを演じたのではない）。やがて、復古王政当時マダムの尊称で呼ばれたベリー公妃の後援をうけて「マダム座」と称し、独自の演目をとりあげていく。

とりわけ、当代一の人気作家ウジェーヌ・スクリーブの作品を上演するようになってから、ジムナーズ座は幅広い階層の支持をえた。[13] 女性たちの紅涙をしぼるメロドラマといってしまえばそれまでだが、歴史に取材し、それにラヴ・ロマンスをからめるなど、なかなか見事な手練である。気まぐれな人情と移ろいゆく時間を敵にまわして、娯楽としての演劇作品を提供しつづけるのは至難の技。パリに数多くの劇場が叢生したこの時代は、しばしばプレ・シネマ時代ともいわれる。19世紀前半の演劇関係者は20世紀の映画やテレビの時代をたしかに先取りしていた。

国立劇場がロマン派演劇にそっぽを向いていたあいだ、名声と実力を兼ねそなえた脚本家や役者は、「民衆のオペラ座」といわれたポルト・サン・マルタン座に活動の拠点をうつしていた。この劇場は18世紀後半にはパリ・オペラ座の本拠地だった。その並びにあるアンビギュ座とフォリ・ドラマチーク座は、口八丁手八丁の悪漢ロベール・マケールを世に送り出した、かのフレデリック・ルメートルにゆかりの劇場である。[14] １８２３年のアンビギュ座にかかった人情劇『アドレの宿屋』で、悪党のマケールは観客に初お目見えした。脚本では因果応報の定めどおり、マケールは相棒ベルトランに裏切られ、あっけなく殺されてしまう……はずだった。

ルメートルのキッチュな扮装と歯切れの良い演技が、田舎の追剥を時代のヒーローにおしあげた。政治的な主張などいっさいなかったにもかかわらず、ことさらに悪事を強調したというかどで上演禁止になったのだ。7月王政がはじまって演劇の自由化がすすみ、もう後戻りすることはないと見たルメートルは、34年にフォリ・ドラマチーク座に『続アドレの宿屋』をかけ、ロベール・マケールを復活させた。今度はまったくの反道徳的な喜劇の主人公としてである。これが同劇場に記録的な興行収入をもたらした。[15] 時代精神をあらわすマケールの造形は、ひとえにルメートルの演技力の賜物であり、かれは「タルマの再来」とも「民衆のタルマ」ともうたわれた。抜け目のないマケールと間のぬけたベルトランのコンビが演ずるドタバタ劇は、オノレ・ドーミエの版画によっても有名になった。[16] 現代物をかける劇場の成功は、ロマン派贔屓のジャーナリストの筆によって、いっそう華ばなしく報じられた。演劇活動の中心は、同じパリ右岸にあっても、西から東へとうつっていった感がある。

古典劇の対極にあったのが、大道芸から発達した大衆演劇である。その時代をきりひらいたのがゲテ座。18世紀なかばにアクロバットで一世を風靡したジャン=バチスト・ニコレの一座を起源とするこの劇場のレパートリーは当初、パントマイムや腹話術、手品などの演芸でしかなかったが、次第に台詞のある芝居に進出するようになる。たとえば、それまで王侯の観賞にのみ供された精霊劇を民衆に提供するなどして、しだいに演劇的な内容をふくらませていった。1830年代には、ジャン＝バチスト・マルティを座長とする劇団が、メロドラマや風俗劇を上演していた。お針子に代表される自活するパリ娘がこれを熱狂的に支持し、ときには流行作家や上流階級の人士も顔をみせるまでになった。

フュナンビュル座の名はそのものずばり綱渡り芸を意味する。1820年前後から同座に出演するようになったのがパントマイム劇のガスパール・ドビュロー[17]。ただ粗暴なだけだった南イタリア起源のピエロを情感豊かに演じたことで、たちまち有名になる。ところで、ドビュローが殺人事件の被告となって、パントマイムならぬ綱渡りのような人生をあゆんだことは、あまりしられていない。素顔で街を散歩していたとき、その姿をみとめた若い職人がしつこくからんできた。ピエロ役者が手にしていた傘をふるうと、運悪く若者の胸を刺した。殺意が立証できないとして数年後には無罪となったものの、ドビュローはその間、裁判所の被告席とフュナンビュル座の舞台を掛け持ちしなければならなかった。

映画史上の最高傑作と評判の高い『天井桟敷の人々』（1944年）の前編は「犯罪大通り」と題されて、その名でよばれたタンプル大通りの活気をいまにつたえる。映画はドビュローをめぐる二人の女性の愛がテーマなのだが、劇中劇の「古着屋」のなかでピエロによる殺人がとりいれられている。後編「白い男」ではフレデリック・ルメートルの活躍がめだっているのだが、実際にかれは無名のころフュナンビュル座に客演したことがあり、ドビュローと演技をきそった仲だった。

三　グランド・オペラ

演劇の舞台をはなれて、楽壇に目を向けてみよう。フランス・ロマン派音楽を代表するベルリオーズは、「幻想交響曲」（初演1830年）の曲想をピエール・コルネイユ作の古典悲劇『オラース』（1640年）からえている。剣士たちがたおれていくたびに荘重な太鼓のリズムがきざまれ、最後にローマの勝利をたたえて本物の大砲の響きが会場をゆるがす（図2c）。現実のベルリオーズは言葉や物語にたよらない純粋な音楽性を追求していったからこそ、音楽史に名をのこすまでになった。大仰な所作や大衆受けする音響は本来の意図ではないはずなのだが、感情のほとばしりをおさえられないのだ。

図2c　ベルリオーズの演奏会

パリ音楽院での初演のさいには、『エルナニ』上演とならぶ芸術面での7月革命として、かまびすしい議論をまきおこした。ベルリオーズのもうひとつの代表作「レクイエム」（37年）は、フィエスキ事件の殉難者にささげられるはずのものだった。35年の7月革命5周年記念日に起きたこの事件では、国王ルイ＝フィリップの行列が、警察の手先だったジュゼッペ・フィエスキの「地獄の機関銃」という連発銃で狙撃された。国王自身は無事だったが、つきそっていた武官の多数が死亡した。首謀者の背後にどのような勢力がひそんでいたのか明らかではない。言論や演劇にたいして自由主義的な態度をとっていた政府当局が、一転して強硬な姿勢をとるきっかけになったことだけは確かである。[18]

ベルリオーズの「レクイエム」初演の経緯についてふれておこう。編成が大がかりで費用がかさむため、フィエスキ事件殉難者の葬儀のおりには演奏が見送られた。作曲家は経済的にも窮地にたたされたが、しばらくして、アルジェリア征服途上のコンスタンチーヌ攻城戦で死んだ総督ダンレモン伯爵の国葬が、廃兵院でおこなわれることになった。有力閣僚の肝煎りで、この国葬にさいして「レクイエム」が発表される運びとなった。

こうして破産の危機をまぬかれたベルリオーズは、翌年に歌劇『ベンヴェヌート・チェリーニ』を作曲している。[19] ロマン派にふさわしい劇的な展開で話題になったものの、バレエを挿入する場面を変えるなど、オペラ座の慣習を無視する演出が随所でなされていた。そうしたことから歌手たちに反発され、興行的にも失敗した。その後もかれは傑作『トロヤの人々』（１８５５年〜１８５８年）を完成させたが、生前に自国でオペラ作品を上演する機会はついにおとずれなかった。

演者や大衆にこびることをいさぎよしとしなかったベルリオーズの心意気とは別に、19世紀前半のパリ音楽界は、伸びやかな歌声と見た目に派手な演出をきそうグランド・オペラを中心に、繁栄の極に達していた。故国イタリアでの『セビリアの理髪師』（１８１６年）や『セミラミード』（23年）の好評をひっさげて、ジョアキノ・ロッシーニはパリにのぼる。ちょうどそのとき、ル・ペルチエ通りへ移転したばかりのパリのオペラ座は、ガス灯の採用にふみきった。明るさを増した舞台で、ロッシーニ作曲の『コリント占領』（26年）が初演され、結果は大成功。舞台の興奮をそのままに、演奏者と観衆がともにロッシーニの住居にくりだしアリアの一節を唱和するという、番外の一幕がつけくわえられたほどである。ところが、序曲で有名な『ウィリアム・テル』（29年）を最後に、かれは歌劇の作曲そのものから手をひいて悠々自適の生活をおくる。その後は、ロッシーニの勧めもあってイタリアからやってきた二人の作曲家が、帝都の人気をわけあった。一人はヴィンセンゾ・ベリーニ、もう一人はガエタノ・ドニゼッティ。ミラノのスカラ座で初演された『ノルマ』（31年）の成功の余勢を駆ったベリーニは、パリのイタリアン座に『ピューリタン』（35年）をかけて成功したが、まもなく急逝してしまう。同じ年の同じ舞台で、ドニゼッティは『マリノ・ファリエロ』を上演して大成功をおさめる。パリのオペラ界はしばらくのあいだ、ドニゼッティの一人天下となる。

19世紀なかばの時期には、ジュゼッペ・ヴェルディを頂点とするイタリア様式のオペラの全盛時代を前にして、フランス語によるオペラが花開いた。台本を提供したのは前述のスクリーブ、作曲家はエスプリ・オーベールやフロマンタル・アレヴィ（本名レヴィ）、ややおくれてジャコモ・マイヤーベーア（本名ヤーコプ・マイヤー・ベーア）が名乗りをあげる。スクリーブとオーベールのコンビが生み出した作品には、軽妙さと機知に富んだ歌のやりとりを売り物にするオペラ・コミックが多い。しかし、悲劇的な題材をえらんだ『ポルティチの唖娘』（28年）では、力強い旋律にささえられた劇的な演出が効果を奏している。ここにグランド・オペラの様式が完成されたとさえいわれる。この作品がブリュッセルで上演されたのは、パリの7月革命の興奮がさめやらぬ１８３０年8月のこと。舞台上で展開される貴族の横暴な振る舞い（あくまで演技なのだが）に観客が激高し、そのまま街頭にでて独立をさけび、ついにオランダ王国の支配をくつがえした。低地地方《ネーデルランド》の南部はハプスブルグ帝国の一部としてスペインやオーストリアに支配されてきたが、長らく都市自治を享受していた。それがウィーン体制下でオランダに併合され、とくにフランス語をはなすワロン系の人たちが不満をつのらせていたのだった。

スクリーブとアレヴィの組み合わせでは、『ユダヤの女』（35年）が代表的な作品である。ドイツ生まれのマイヤーベーアもまたスクリーブとの出会いによって新機軸をうちだした。7月王政下には『ユグノー教徒』（36年）の大成功があり、またスクリーブ作『アフリカの女』の曲想をねった（初演は作曲家の死後の65年のこと）。後者はアフリカ南端を回航してインドにいたったヴァスコ・ダ・ガマと現地の黒人女性を主人公としたメロドラマだが歴史的背景は二の次で、もっぱら異国情緒がパリの観客にうけたようだ。[20] 少々のケレン味ではあきたらなくなった観客を意識したスクリーブの眼力があったからこそ、これらユダヤ系の若い作曲家たちに活躍の場があたえられたのだ。ドイツ・オペラを大成したリヒャルト・ヴァグナーは、ベルリオーズを高く評価する一方で、パリ製のグランド・オペラやオペラ・ブッファを軽視した。先述の作曲家たちを、かれはとりわけ不当にあつかった。とはいえ、当のヴァグナーも自作の上演にこぎつけるには相当苦労している。オペラの製作に費用がかかることは、昔もいまも変わりがない。

１８４０年代にパリ・オペラ座監督をつとめたのは、7月革命前後に敏腕のジャーナリストとして知られたレオン・ピレである。かれは政権にとりいって実入りの良いこの職を手にいれ、そのうえ歌姫として全盛をむかえたストルツ夫人を愛人にするなど、権勢をほしいままにした。当初はドニゼッティの『ファヴォリータ』（１８４０年）などで大当たりをとったが、その後たてつづけに興行に失敗し、退任時の欠損は総額で40万フランにのぼったという。この時期、ストルツ夫人の契約金が7万5千フランという高額になり、大抵のことにはおどろかないパリっ子のあいだでも話題になった。ついに47年、監督は歌姫ともどもオペラ座をおわれた。

ストルツ夫人のほうはオペラの舞台から遠ざかったものの、新しいパトロンをみつけて優雅に暮らし天寿をまっとうした。ピレのほうは第2帝政期に在外公館の公使の職にありついたが、オペラ座監督当時の暴君ぶりがたたって作曲家や歌手とのあいだの訴訟におわれ資産をくいつぶしたという。

マイヤーベーア作曲の『予言者』（１８４９年）で初めてアーク灯の照明が導入される。１８２０年代からこのころまで、つまりはガス灯の光にてらされた時代が、パリ・オペラ座の全盛期だったといえる。いま目にするオペラ座（オペラ=ガルニエ）は、シャルル・ガルニエの設計になる第2帝政（アンピール）様式の建物である。外観はいささか猥雑な感じをまぬがれないが、見事なことは否定できない。入れ物は立派になったが、フランス人によるフランス人のための演目という運営方針が災いして、１８７０年代を過ぎると中身はすっかり形骸化してしまった。ところで20世紀の最後の20年間には、ロンドン製のミュージカルが世界を席巻した。なかでも傑作といわれる『オペラ座の怪人』（1980年）では、はなやかな劇場の地下に洞窟が広がり、怪人がひそむという設定になっている。作品の趣向はパリ楽壇の衰退を象徴しているなどというのは、うがち過ぎだろうか。

第三章　人文主義とスポーツ

一　「オ・パ、キャマラド！」

中世以来、「文芸」の高い水準をほこってきたフランスでは、長らく体育・スポーツの実践がさげすまれ、身体的な表象への理解がさまたげられてきた。ところが、歴史叙述や民間伝承には身体文化の確かな手応えも感じられる。この項では、既刊の『フランス身体史序説』が分析する歴史と身体の多様なかかわりにつづいて、フランス史の独自性をふまえた身体史の概要をしめしておこう。当面の目標として、ヨーロッパ「文明」の根幹をなすと同時にフランス人の世界支配の野望をささえてきた〈からだ〉の見方の普遍性と多様性にせまりたい。

ヨーロッパの中世で、「イタリアの教権、ドイツの帝権、フランスの文芸」という金言がおこなわれたほど、フランス語による文化の営みには、ローマ教皇や神聖ローマ皇帝とならぶ、まさに侵すべからざる権威があった。実際の名声をささえていたのは、トマス・アクィナスを頂点とするパリ大学神学部のスコラ学者たちだったのだが。それにしても、書かれた言葉が意味をもち、身体に直接由来する要素には、さほどの重みをあたえられてこなかった。その程度はイギリスやドイツの比ではない。

２００１年に刊行された『近代スポーツの超克』という論文集では、研究のジャンルを明示するため、「体育・スポーツ史」という言葉が多用されている。[1)] この場合、「体育」と「スポーツ」のあいだにおかれた「・」（ナカグロ）が大いに問題となる。端的にいえば、スポーツとは近代イギリスに起源する競技スポーツをさす。つまりはジェントルマン・イデアールにささえられたエリートの身体的実践なのだ。それにたいして体育とは、ドイツのトゥルネン、あるいは北欧の集団体操に端を発するもので、ロマン主義を思想的背景とする国民的な広がりをもった身体的実践のことである。日本でいうスポーツ史は、サッカーやラグビーに代表される個別の競技の歴史を連想させる。体育史となれば、教育現場でのさまざまな試みや体育の理論を抜きにしてそれを論ずることはできない。たまたま、新しい指導要領で「体操」という言葉が消えて、いわゆる「体ほぐし」が導入されようとしている。この機会に、ふたつの起源をもつ日本の体育・スポーツ史を、あらためて一本化して説明する必要を痛感した。それは同時に、表向きは身体をないがしろにしてきたかにもみえるフランス史を、フランス人自身による身体的経験と調和させることになるはずである。

英独両国の影響は、近代日本の国家装置のなかにも顕著にみられる。明治政府はイギリスからは責任内閣制や郵便制度をまなび、ドイツには欽定憲法や師団編成などの陸軍の軍制をならった。海軍はイギリスを範とし、陸軍はドイツの師団編成を核とした。ところでその陸軍は、最初からドイツ一辺倒だったのだろうか。ひとつだけ例をあげると、いまや日常語となっているズボンは、江戸時代末期の幕府がフランスの軍制をとりいれたときに、日本語に入ってきた言葉なのだ（第四章を参照）。当時は「すすめ」「とまれ」「ささげ筒」などの号令も、フランス語をつかっていたという。[2] もうひとつ例をあげておこう。

日本語では♪「クラリネットを壊しちゃった」という可愛らしい歌詞になっている曲（石井好子作詞）は、もともと軍事教練にそくしたものだった。その証拠に「オ・パ、キャマラド！」という合いの手は、「足並みそろえよ、同志たち！」という意味である。[3]

ところでフランスには、近代の国民国家の源流でありながら、いつしかその対極にきてしまった人文主義（ユマニスム）の伝統というものがある。たとえば、『ガルガンチュア物語』（1534年）でフランソワ・ラブレーが「テレームの僧院」にたくした理想社会がある。[4] そこでは「欲することをなせ」という規則だけを遵守すればよい。僧院とはいうけれど、平信徒の若い男女の共同体である。誰に強制されるわけでもなく、学問、音楽、身体運動など、それぞれが得意とする活動にたずさわった。つまりフランス人文主義の伝統の原点にあっては、〈からだ〉の鍛錬をおとしめる考え方はなかった。僧院のスポンサーとなった巨人の殿様ガルガンチュアその人が、いささか野卑なところがあるものの、人文主義的教養と体技とをあますところなく身につけていた。若きガルガンチュアに乗馬の術を教えたのが、中部フランスはトゥーレーヌ地方の貴族ジムナスト（体育教師の意味）というのも意味深である。また同書の最後におかれた謎歌には、宗教改革の時代に弾圧された福音主義の運動を擁護する意図があるという。しかし実際には、ジュ・ド・ポーム（以下ポーム）の競技内容を衒学的になぞっているとしかよめない。その語義は「掌の遊び」だが、このころはラケットをつかって芯のあるボールを打つ競技となっていた。近代のローン・テニスのはるかな起源である。

かくも深き騒擾の裡《うち》にあって、　この球体はいかなる安息を得むや！
球体に拠って世にも至福なる人々も、　これを失い損ずるを顧ることなく、
更に、数々の手段をば弄《もてあそ》びて、　これを隷属せしめ獄屋に送らむと務むべし。

ここで「獄屋」とあるのを訳者の渡辺一夫はボールを収める箱と解している。しかし、元の『メルラン・ド・サン・ジュレー詩集』（1574年）に「競技孔（フォッス・デ・ジュ）のこと」としるされている以上、（ローン・テニスとは違って）守備側と攻撃側が役割を交代しないポームの試合の実際をおもうと、攻撃側がボールをゴールに放りこんで得点する意味にとるのが自然である。[5]

話変わって、フランス中世を題材とする歴史小説で人気作家となった佐藤賢一に『双頭の鷲』（1999年）という作品がある。[6] 英仏百年戦争の前半期に獅子奮迅の活躍をした大元帥（コネタープル、17世紀以降の元帥＝マレシャルと違って広範な裁量権をもつ）ベルトラン・ゲクランの生涯を忠実になぞりつつ、物語としての味つけをほどこしたものである。

ブルターニュ地方の小貴族の出であるゲクランは、第1回十字軍の指導者ゴドフロワ・ド・ブイヨン（11世紀後半）とジャンヌ・ダルク（15世紀前半）のあいだをつなぐフランスの国民的英雄の一人。幼少時の彼はとんでもない悪童だったが、統率力だけは天性のものがあった。配下の悪ガキ連を二組にわけ、

たがいに組打ちをして武技をみがいたという（図3a）。ブルターニュ公爵主催の馬上槍試合で優勝して名をあげ、やがて国王の信頼をえてフランス全軍をひきいるまでに出世する。北フランスからイギリス勢力を駆逐、南フランスの反国王勢力を壊滅させ、スペインではトラスタマラ王朝の成立にひと役かった。問題はその〈からだ〉に刻印された、聖痕ともいえる異常なまでの肩幅の広さと腕の長さ。野卑な言葉使いや奇行とあわせ、ほとんど大型の猿である。

図3a　シャルル5世と大元師ゲクラン
上：若き日のゲクラン（コンデ美術館蔵）
下左：大元師ゲクランの民衆的イメージ
下右：シャルル5世像（ルーヴル美術館蔵）

18世紀末から19世紀の初めにかけての時期に史劇で好評をえてアカデミー会員となったアントワーヌ・ヴァンサン・アルノーが、この大元師を主人公とした喜劇『ゲクランの身代金～14世紀の習い』（1814年）を国立劇場の舞台にかけて大当たりをとっている。戦いに利なくエドワード黒太子が支配するボルドーの地で虜囚の身となったゲクランが、身代金の手あてをするために故郷ブルターニュの居城にもどってくる。才覚ある妻は金策に奔走するが、指定された額にはとどかない。ブルターニュ公爵は元の主君だが、恩顧を袖にして国王のもとに走ったため不興をかっていた。その奥方が登場して万事休すとおもったら、逆に支払いはわらわにまかせなさいという。そこに国王の使いが元帥杖をもたらし（もちろん史実とは異なる）、目出度しめでたし。背景となった歴史はともかく、台詞は当代ふうで他愛ない喜劇である。ともあれ、その幕開けにうたわれた詩を紹介しておこう。[7]

歴史画というには　あらざれど、　旧の習いを　写したる、
忘却の淵より　拾い出せし、　楽しき話を　ものがたる。
英雄賊徒　いりまじり、　フランス国土を　蹂躙し、
功業もとめし　武士《もののふ》は、　げに一文の　銭もなし、
ただ言の葉の　力をたより、　庶人の後押し　あてにすれど、
捕らわれ人の　こころ細さ、　されば怨敵の　郷党など、
固く囲める　城壁を、　週に幾度と　攻めたてらる。

往時は一体　誰にせよ、　お坊さまでも　何にせよ、
邪教の徒なら　いざ知らず、　聖教徒《カトリック》には、字も読めず、字も読めず。

二　ボディ・コンタクト

容貌魁偉な野人にして目に一文字もないというイメージでかたられるゲクランの主君がシャルル5世（賢明王）である。大元帥の活躍もあって英仏百年戦争の緒戦の不利をはねかえした英明な君主として歴史の評価は高い。が、やや線の細いところがあり、小説のなかでも神経質で病気がちな人物としてえがかれる。ポワシーの戦い（1356年）でイングランド軍の捕虜となった父王ジャン2世（善良王）は身代金がはらえなかった（王位を代行する息子が支払いをこばんだ）ために、いったん解放されたものの、みずから決断して敵国にわたった。そうした父王の騎士道精神とは対照的に、シャルルは冷徹な行政家としての能力を如何なく発揮する。パリの城壁を拡大して首都の守りをかため、税収を確保して行政と軍事の機構をととのえた。臣民に賭け事を禁じる法令（1369年4月3日）を公布したのも、そうした政治改革の一端だった。[8]

神のお恵みによってフランス国王たるシャルルは、本状を手にするすべての者を嘉《よみ》す。朕《ちん》は心より王国と公共財産と臣民の安全と防衛を願い、また臣民の快と利をいや増す目的をもって、本状によりあらゆる遊戯を即刻禁じ、将来も禁じるものである。

（禁制の遊びとは）賽子（ジュ・ド・デ）、チェス、ポーム、九柱戯（キーユ）、輪投げ（パレ）、スール（フットボール系の球戯のこと、次項参照）、玉突き（ビーユ）、その他もろもろである。これらの遊戯にふけって武器を取らず王国の防衛に馳せ参じぬ臣民には、40スーの科料を申しつける。しかして朕は臣民に対して爾後、町でも野でもしかるべき場所にて、弓（アルク）と大弓（アルバレット）の訓練に励むことを命ずる。良き射手にはその技量に応じた褒賞を取らせる云々。

賭け事の禁令は中世末期に頻繁にだされているが、このときほど徹底していたものは少ない。馬上豊かに剛毅な王侯のイメージと正反対のシャルルの性格もあるだろうが、国家存亡の危機にあったことも事実である。一般には半世紀あまり後のジャンヌ・ダルク出現をもって、命令されることになれた臣民がフランス国民たるの自覚をもったとされる。王国の支配者としてはそれより早く、国家的統合に腐心していた証拠ではある。

肉体の接触をいとわないコンタクト・スポーツの話題をつなぐには、ルネサンス的君主としてしられるフランソワ1世にかんする挿話がみのがせない。1519年にハプスブルグ家の若きスペイン王が、神聖ローマ皇帝の座についてカール5世を称する。フランスでいうシャルル・カン（イタリアの道化芝居の主人公アルルカンをほのめかす）である。危機感をいだいた英国王ヘンリー8世は翌1520年にわざわざ海峡をわたり、カレーの地で仏国王と会見した。こちらの二人もまだ若く、血の気の多いことでは人後におちない。いっそ力競べをしようとなって、フランソワがヘンリーを簡単にくみしいたという。伝統の一戦というものは、たたかう前から優劣の見極めはついている。だが、弱いほうがたまに勝つこともある。イギリス史のファンには、そう思っていただきたい。

フランス式ボクシングともいわれるサバトについては、幾人かの名人上手の名がのこる。[9] 時代順にならべると、19世紀初めにベリー公爵（第一章に登場したブルボン王家の跡継ぎ）に格闘技をおしえたバチストという元オペラ座の踊り手がいた。当の公爵は呆気《あっけ》なく暗殺されてしまうのだが。正統王朝に対抗するオルレアン公爵の武術師範だったのがピスーことミシェル・カスー。1820年代にピスーの指導をうけ、のち英国にわたって拳闘の型をまなび、蹴り技を主体とするフランス式ボクシングを完成させたのがシャルル・ルクールである。体技について一家言をもつ作家テオフィル・ゴーチエの知遇をえて、文化人のあいだに新開発の技をひろめた。ゴーチエの作品『フラカス大尉』（1863年）にも、ルクールをおもわせる体技の達人がでてくる。[10] 1899年にイギリス軍のチャンピオン、ジェリー・ドリスコルと異種ボクシング試合をおこなったジョゼフ・シャルルモンは、世紀の対戦に先がけてサバトの普及に尽力し、陸軍が新兵訓練の正課としてとりあげるまでになった（図3b）。1921年に人気者のジョルジュ・カルパン

図3b　フランス式ボクシング
シャルルモンの練習風景

チエがヘビー級の世界チャンピオン、ジャック・デンプシーに敵地で挑戦してやぶれさったときには、大統領を始めとしてフランス国民は言葉をうしなった。カルパンチエは14歳でサバトのフランス選手権者となり、格闘家として頭角をあらわした。ルクールの系譜をひく最後の人物である。[11]

グレコローマン・スタイルのレスリングもまたフランス人の独創になる。19世紀のリヨンで下半身への攻撃をはばかるレスリングを実践したのは、エクスブレアという元の帝国兵士（グロニャール）。大ナポレオンにつかえてヨーロッパを蹂躪した兵士たちは、長い余生をもてあまして文句ばかり垂れていた（グロニエ）から、この名でよばれる。しかし、パリで初めて体操場をひらいたアモロス大佐と同じく、エクスブレアは体技の指導に活路を見出したようだ。一人では格闘技は無理なので、若き同志マルセイユ兄弟をさそって興行をかさね、ついに格闘技の殿堂となっていたパリのモンテスキュー・ホールに進出するまでになった。19世紀末にはスポーツ・メディア興隆の勢いにのって世界選手権がひらかれ、ポール・ポンスが初代のチャンピオンの座についている。[12]

三　ボールゲームの系譜

フランス人の体育・スポーツ経験をふりかえるにあたって、ボールゲームの系譜をかんがえてみよう。いまでこそサッカーやラグビーとして世界を席巻し、アメリカン・フットボールを筆頭に、アイリッシユ（アイルランド）、オージー（オーストラリア）など英語圏で多様な展開をみせている人気スポーツも、ゴールするのは二の次で、肉弾戦を当然とするボールの争奪が華だった。ここではそれを「原《げん》フットボール」とよぶことにする。[13] ヨーロッパ大陸でも盛んにおこなわれており、フランスでスール（北仏ピカルディー方言ではシュール）、イタリアでカルチョとよばれるものがそれにあたる（日本のサッカーくじの手本がイタリアのトト・カルチョである）。

原フットボールは共同体の絆を再確認する場だった。野原でやるから原フットボールと洒落たわけでもないが、グラウンド（いまではピットという言葉が定着した）にひかれた明瞭な線（ゴールラインとタッチライン）などなく、ただゴールだけが指定されている。ゴールはむかいあって2か所あるとはかぎらない。そこにボールをはこびいれた者が試合後1年間にわたる栄誉の礼をうける。地域のなかの村と村の対抗、同じ村のなかでなら既婚者と未婚者の対抗などの形をとることが多かった。庶民ならではの暗黙のルール、たとえば揉みあいのなかで恋敵をなぐるとか、仲間内の約束をやぶった者を制裁するとかの目的をはたしながら、同時にボールの支配をあらそった。もちろんボールは足でけっても手でもってもよい。ボールを早くにゴールにはこびいれるのが目的ではない。いまでもイングランド中部ダービーシャーのアシュボーンでおこなわれている原フットボールの最長記録は8時間という。[14] 日本の各地でおこなわれる裸祭りで、男たちが神男《しんおとこ》にさわって厄をのがれるというのと似ている。いまでもフットボール系の競技には荒《すさ》ぶる魂が付き物だが、そうした魂《たま》（＝玉）鎮《しず》めといった性格もみとめられる。

中世末期からとくにフランスで盛んにおこなわれ、革命前には国技とも称されたのがポーム（前項のシャルル5世の禁令にもふくまれていた）である（図3c）。

ここではポームが原フットボールの形態につうじ、ゴールに球を打ちこむ競技であったことだけを指摘しておこう。ただし、フットボールがその融通無碍な運用からして庶民に愛好されたのにたいし、室内のコートでおこなうポームは貴族のたしなみとされた。それが武術の鍛錬にもつうじたからだろう。ただ、話がややこしくなるのだが、同じポームの名でしられた、中空のボールをもちいるゲームもあった。こちらはしばしばロング・ポームとよばれる。直接には（フランスとスペインにまたがった）バスク人の住む地域に独特の習俗、ペロタとして競技の形がととのえられていく。間接的には、バスケットボールやバレーボールなど、1890年代アメリカ合衆国のYMCAで誕生した競技に影響をあたえた。さらに話がややこしいのは、手をつかうこれらのボールゲームも本稿でいう原フットボールも、フランス語ではともにジュ・ド・バ

図3c　ボールゲームの系譜
ジュ・ド・ポーム（16世紀、当時の風俗画集から）

ロンといわれることである（図3c-bis）。

スールからフットボールへの移行期を明確に区分することはできない。あるスポーツ史家が示唆するように、村落やギルドなどの共同体の祭りそのものだったスールは、共同体と一緒にほろんだともいえる。[15] １８２３年にイギリスのパブリック・スクールのひとつであるラグビー校のウィリアム・ウェッブ・エリスという生徒が、ラックのなかでボールをひろい腕にかかえて駆けだしたという話は、スポーツ史上最も有名な神話である。現地に銘板ものこされているが、史実とはいえないようだ。いずれにせよ、そのころ足だけをつかう球戯と手もつかうそれ（ハーリング）とが分離しはじめる。フットボール・アソシエイション（アソシエイションの縮約形がサッカーとなる）が上層階級のみならず下層階級にまで勢力をひろげるのに対抗して、63年にはラグビーのルールがさだめられた。

図3c-bis　ジュ・ド・バロン
（17世紀初頭、メリアンの原図に基づく）

先に海峡をわたったのは、やはりサッカーである。フランスのサッカー・チームの最初は、１８８４年にパリ西郊のブーローニュの森で呱々の声をあげたリュテス・フットボール・クラブ（パリの古名ルテチアにちなむ）。[16] 練習日は毎週木曜の午後とさだめられた。チームをひっぱる主将に、名門のリセであるコンドルセ校の修辞学の生徒ジャン＝ポール・クックがえらばれ、「キャプテン・クック」の愛称でしたしまれたという。修辞学というのは、いまでいうなら法曹界で必要となる弁論と物書きの訓練になる学問だが、当時はまだ宗教界にはいるための必須の課程とされた。ルネサンス期の文人と同じように、クックも信仰生活と身体運動を両立させようとしていたのだ。

1907年には国際フットボール協会（FIFA=フェデラシオン・アンテルナシオナル・ド・フットボール・アソーシエイション）が創設され、スイスのチューリヒに本部をおいた。[17] 1930年に南米のグァテマラで第1回のワールドカップが開催されたが、サッカーの母国イングランドを筆頭とする大英帝国の構成国はそれに参加しなかった。イングランドの国際舞台への登場は第2次世界大戦後の1950年のこと。同国は、即位したばかりのエリザベス2世の御前試合で優勝をきめて面目をほどこした（1958年）。しかし組織力重視のゲルマン系サッカーは、ブラジル、アルゼンチンの南米勢にイタリアを加えたラテン系の個人技重視のサッカーの敵ではないようだ。ドイツは3回優勝しているが、大衆的人気にはほど遠い。1998年のフランスの優勝は記憶に新しいところである。大都市郊外に住む貧困者や移民の子弟がチームの大部分をしめ、人種の混交でも話題になった。いまではFIFA直属の下部組織として、ヨーロッパ、南米、北米、中米・カリブ海地域、アフリカ、アジア、大洋州の地域協会がおかれ、全世界をくまなくおおって、オリンピック以上の観客とメディアの動員力をほこっている。

2002年日韓共催のワールドカップはブラジルの5度目の優勝で幕を閉じた。その数日後、ヒマラヤ山中のブータンで、同国とカリブ海の英領セント・トマス島、FIFAランキングの202位と20

3位のチームによる対戦がおこなわれた。結果は4対0、セント・トマス側の選手たちが高地障害をおこして勝負にならず、ブータンの一方的な勝利におわった。それでも試合がおわると両国選手はたがいの健闘をほめたたえ、「裏ワールドカップ」の優勝杯をわけあったと外電はつたえる。筆者としてはＦＩＦＡ加盟国の数が国連加盟国（１９９ヵ国）よりも多いといいたいだけなのだが。

一方、フランスで初めてラグビーの試合がおこなわれたのは１８７２年、英仏海峡にのぞむル・アーヴルにおいて。[18] 対戦したのは英国チーム同士だがメンバーがたりず、スールの心得がある地元の若者に声がかかった。実際に試合をして面白かったのだろう、これをきっかけにル・アーヴル・アスレティック・クラブが創設される。フランス人同士のラグビー試合の最初は、それから約20年後。パリを拠点とするスタッド・フランセとレーシング・クラブというふたつのチームのあいだで１８９１年におこなわれた。審判をつとめたのは、イギリス贔屓でしられ、まもなく近代オリンピックを提唱することになるピエール・ド・クーベルタンである。民衆的背景をもちプロ・スポーツとして見せる要素を強めた13人制ラグビーと競合する場面もあったが、フランスのラグビーは15人制のアマチュア競技として定着していき、イギリス諸島の国ぐにと対抗するまでなった。イングランド、スコットランド、アイルランド、ウェールズにフランスがくわわったラグビーの5カ国対抗戦は１９１０年にはじまる。それに先だっておこなわれたイングランドとの3回のテストマッチはご愛敬としても、第1回の大会では敵地にのりこんだとはいえ、さんざんな出来だった。しかし、初勝利は意外と早くもたらされる。翌年、自国でおこなわれた対スコットランド戦。フランス側の主将はスタッド・フランセーズのマルセル・コミュノー、エースは百メーターと4百メーター・ハードルの国内チャンピオン、ピエール・ファイヨだった。ファイヨは第1次世界大戦を生きのびて、フランス・ペロタ協会の会長に就任する。[19)]

この5ヵ国対抗戦が発展して、1980年にはラグビーのワールドカップが誕生する。こちらはもっぱらニュージーランドを筆頭とする大洋州《オセアニア》の国ぐにが中心になっており、古豪の影はうすい。それでも忘れたころにフランスが活躍し、球戯のもうひとつの世界戦であることをおしえてくれる。フランスのラグビー・チームはボルドー近郊に集中しており、選手もやはり南西部出身者が多く、バスクの血脈をうかがわせる。

体育とスポーツの狭間でわすれられてきた課題とは、たとえば**競技相互の影響関係**である。スールやペロタの選手が黎明期のサッカーにくわわり、ラグビーにいたってはフランスの地方的伝統がいまでも生きている。ルールの一本化やゲーム内容の合理化が即座になしとげられたわけでもない。現代の研究者や個別競技の元選手は、それぞれ自分が得意とするジャンルに単一の絶対的な起源をもとめることに熱心で、じつは競争相手となる競技の影響というものを初手から無視している。戦前のウィンブルドンで準優勝した清水善造も、日本で発展した軟式庭球（いまのソフトテニス）の独特の握りでチャンピオンを苦しめたのだった。[20)] そうした意味からすると、個別競技の近い将来像もぼやけてくる。もっぱらテレビ視聴者の好みに左右されて、競技時間のみならず重要なルールも勝手に変更されるくらいなのだから。

第四章　下着とジェンダー

一　下着の英仏抗争史

本題に入る前に、ヨーロッパの服飾史を簡単にふり返っておこう。古代地中海世界は中世以降の歴史のおもな舞台となる北西ヨーロッパにくらべると温暖な気候にめぐまれているから、さほど衣装にこだわらずに済んだはず。そもそもギリシアでは、オリンピックなどの競技会で男たちは丸裸で技をきそったのだし、戦いにのぞんでも鎧兜の下は腰にまいた下帯程度だった。ローマでは、エジプトに起源する貫頭衣（チュニック）が日常の衣装となり、公の場ではその上にトーガをまとって襞模様をあしらった。ギリシア彫刻を源流とする仏像と同じで、この襞模様の違いから衣装の時期区分が可能できるほどだ。

古代には女性の競技者はいなかったはずだが、ローマ遺跡の壁画には女性がスポーツに興ずる様子を描いたものがのこっている。[1]競技者というよりは、浴場ではたらく女性たちではなかったかとおもわれる。余興もかねて、男たちの競技を真似することがあったのだろう。彼女たちの胸と腰を申しわけ程度におおう布は、もちろん現在のような下着ではない。男の下帯と同じように、幅の狭い布を体にまきつけただけのものだ。

イギリスのガーター勲章というのは、下着を連想させる品が公の場におどり出た最も早い例として有名である。これは14世紀にフランスとの百年戦争をはじめたイギリス王エドワード3世が、舞踏会の場でさる貴夫人の落としたガーターをひろって、当の女性の面目をつぶさないように自分がつけたのが初めだとか。いかにも騎士道精神あふれる物語だが、往時のイングランド王国がそれほど文明的にすすんだ段階にあったとはしんじられない。おそらくは、男女兼用だったガーターが次第に女性専用となっていった時代に、懐旧の念をこめて生みだされた政治的逸話なのだろう。[2)]

中世までの北西ヨーロッパの社会については、王侯貴族は別として、あまりくわしい史料がのこっていない。庶民の下着事情がわかる数少ない材料に、フランス王シャルル5世（第二章を参照）の弟ベリー公爵ジャンが15世紀初めに描かせた『いとも豪華なる時祷書』のなかの絵がある[3)]（図4a）。戸外ではたらく父親は股引きのような下着をつけているが、屋内の男の子と女の子は性器を丸出しにして暖炉にむけている。かたわらにいる母親も、とくに女性用の下着を身につけているとはおもえない。図は冬の情景だが、夏には当然のように丈の短い衣服を着用した。

図4a　『いとも豪華なる時祷書』
2月、冬の農家

私たちの日常生活と木綿製の衣料との関わりは、長い人類史のなかでは比較的新しいことである。アジア原産とはいえ、木綿自体はヨーロッパでも古くからしられていたが、上質の織物となったのは大航海時代の後のこと。[4] 無地の更紗をときにキャラコというが、これはインドの港町カリカットという地名に由来するポルトガル語である。ポルトガル人のガマ（第二章に出てきたオペラ「アフリカの女」の主人公）が、ヨーロッパからアフリカ大陸の南端にある喜望峰を回航してこの港にいたったのは、コロンブスの新大陸到達にわずかに遅れた１４９８年。歴史上「大航海時代」と名づけられた15～16世紀は、ポルトガルとスペインの両国民による世界制覇の時代である。

この時期にスペイン語から日本語に入ってきた外来語のなかにメリヤスという言葉がある。麻や木綿は織物素材だが、ヨーロッパ人にとって最もなじみ深い衣料素材である羊毛は伸縮性に富んでいる。毛糸を編んで肌に密着する衣料に応用したのが、メリヤスの起こりである。また、和装の肌着である襦袢（「じばん」、当て字から「じゅばん」ともいう）もポルトガル語に起源するという。ジバンはフランス語でスカートをさすジュップと語源を同じくし、そのジュップがスカートの下穿き（ペチコート）を意味するジュポンとなる。ジュポンという言葉は、明治時代の日本に入ってズボンになる。[5] したがって、襦袢とズボンはともにラテン系の国語に由来する外来語であり、言葉の系譜のうえで親戚筋にあたる。また、こうした言葉の発生時期からみて、男性と女性の衣料の区別は木綿製品の普及と同じくらい新しい出来事であるということがわかる。ここでは、フランス語のジュポンまで男女の区別がなかったことを確認しておこう。

ところで、フランス語にもドイツ語にも名詞には性別がある。男女の性別役割分担を問題視するジェンダーという概念は、こうした文法的な性からきている。先程のジュップは女性形、ジュポンは男性形で、ズボンの由来をしれば、それほど奇異なことでもない。それにたいしてドイツ語のスカートは男性形（デア・ロック）、ズボンは女性形（ディー・ホーゼ）で、まったく逆様《さかさま》になっている。[6] それというのも元は性差と関係のない服装だったからだ。ちなみに英語のスカートとシャツという言葉は、もともと同じ言葉である。「短い胴衣」という意味であり、時代がさがるにつれて上半身と下半身に泣きわかれになった。

下着類一般をさす英語はアンダーウェアが普通だが、別にアンダーリネンという言葉もある。フランス語でも、「下に着るもの」（スー・ヴェトマンあるいはランジュ・ド・ドゥスー）といい、女性下着の総称として英語でもつかわれるランジェリーにつうじる。このランジュ、あるいはランジェリーと、先ほどの（アンダー）リネンは語源を同じくしている。すなわち亜麻、あるいは薄手の麻織物をいう言葉であり、肌着が天然素材としての麻に由来することからでた言葉なのだ。英語でたんにリネンといえばベッドのシーツのことをいう。シーツも下着も、いまは木綿が主になっている。とすると、歴史のある段階で、肌に直接ふれる布地が麻から木綿に変わったわけだ。18世紀なかばにイギリスにおこった産業革命によって木綿製品が工場で生産されるようになって以降、木綿の下着が世界的に定着した。産業革命と、それと必然的にからんでくる市民革命の時代より後の出来事なのである。

英語のパンツは日本語でいうズボンのこと。こちらも男女の区別なくつかわれていたパンタロン（イタリア語、だぶだぶのズボンをはいたパンタローネという滑稽劇の定型人物がいる）に由来する。下着としてのパンツを英語でいうときにはショーツとなる。男性用のショーツには大きくわけて、トランクス型（ボクサー・ショーツ）とブリーフ型（ジョッキー・ショーツ）の2種類がある。女性専用でも、ペチコート（先述したように仏語ではジュポン）、ストッキング（仏語ではバ＝下穿き）、それにガードル（仏語ではサンチュール＝帯）で、世界に普及したのは英語のほうである。

このように基礎下着とでもいうべき、がっちりと下半身をおおう下着では、圧倒的に英語が優勢のようだ。それにたいして、魅せる下着、とりわけ胸を強調した衣料にかんする言葉では、フランス語の勢力が英語をしのいでいる。ブラジャーやキャミソール、それにネグリジェなどの装飾下着がフランス語で表現される。ただし、キャミソールというのも男女の別なくつかわれていた言葉で、元は袖つきの短い上着だった。20世紀末の日本で、突然のようにキャミソールなるものが流行した。これは戦後生まれの世代が身につけたタンクトップ（ランニング・シャツといったほうが古い世代にはわかりやすいかも）を女性らしく表現したもので、けっして男性を挑発するための装置ではない。その証拠に、肩紐をつけ替えるというお洒落も生まれたほどだ。

このなかで、ブラジャーという言葉はたしかにフランス語にもあるが、その元のブラシエール（ブラ＝腕）は両の肩にはおる半袖つきのチョッキのようなもの。私たちのいうブラジャーは、フランス語では「喉でささえるもの」という意味のスチアン・ゴルジュという言葉をつかう。万国博でにぎわっていた1

889年のパリで、服飾店主マダム・カドルが発表したコルスレ・ゴルジュ、すなわちコルセットからトップの部分を分離独立させたものが最初とされる[7]。それにしても、フランス語の言葉だけからは金太郎の腹掛けを連想させて、味も素っ気もない。ブラジャーという新語は1907年のアメリカ合衆国のファッション誌『ヴォーグ』が初出とのこと。したがって、現物はフランスに起源するにしても、やはり下着をはやらせる経済の実質は、イギリスの経済覇権を20世紀にひきついだアメリカがにぎっていたことになる。このように、世界経済の中枢にある国が下着の世界をリードしてきたといえる。

二　女の理想、男の夢想

あらためて歴史をさかのぼり、ルネサンス期のイタリアから始めよう。その時代には忘れがたい幾人かの女傑が活躍していた。教皇アレクサンデル6世の娘ルクレチア・ボルジアは、父の命ずるまま有力な家門にとつぎ、夫たちを次つぎと毒殺した悪女としてしられる。しかし、現実の彼女は安穏な貴族の生活に落ちついていたようで、オペラや演劇などで「ボルジア家の毒薬」の物語につうじた人は拍子抜けさせられる。悪女らしからぬルクレチアにたいして、北部ロンバルディア地方の強国ミラノ公国から出て中部ロマーニャ地方の小都市フォルリの領主にとついだカテリーナ・スフォルツァは、烈女というにふさわしい活躍をした。夫を反乱者にころされ、息子たちを人質にとられながら、彼女は領内のリミニ城にたてこもって頑強に抵抗する。人質をころすと敵に脅迫されたとき、彼女は城壁に立ってやおらスカートをまくりあげ、子供などいくらでもひり出せると啖呵をきったとか。つまり、ルネサンス期の女性は貴族といえどもスカートの下に何もはいていなかったのだ。そんな彼女も、ルクレティアの兄チェザレに攻撃されてついに落城の憂き目にあうという、著名女性二人の因縁話になるのだが[8]。

ルネサンス期の政治と経済をリードしたのは、北イタリアのヴェネツィアと中部トスカナ地方のフィレンツェである。まずはヴェネツィアから、下着の歴史に関係する事項をひろっておこう。13世紀から16世紀初めにかけて地中海世界を支配したこの都市国家には、享楽的な雰囲気がみちあふれ、娼婦が貴族の女性をしのぐ権勢をえるまでになっていた。そうした女性たちの絵姿がのこっている。ご丁寧にもスカート（イタリア語でソッターナ）をめくると、下穿き（カルツォーニ、仏語でカルソン）がのぞくという仕掛けがほどこされていて[9]、思わず忍び笑いしてしまう。そのポルトガル語読みが、襦袢と同じく大航海時代の日本に入り、軽衫（かるさん、伊賀袴ともいう）の名で短い袴状の衣類として定着し、やはり男女の差はなかったらしい[10]。

次にフィレンツェにかんする話題。本書の第一章で存在感をしめしたカトリーヌ・ド・メディシスこそ、ルネサンス期女傑の最後にして最大の人物といえる[11]。外国人である彼女は宮廷で孤立して、王妃となってもしばらくは不遇の身をかこっていた。ところが、夫アンリ2世の死後は、16世紀後半にフランス史上でも例のないほどの権勢をふるった。行動的な性格で馬での遠乗りを趣味とした彼女の乗馬姿は、片方の太股を鞍におしあてる「アマゾン乗り」としてしられる。そのため、男の下穿きとして発達し、ヴェネツィアでは娼婦の制服ともなったカルソンを好んではくようになった。とはいえ、その習俗は彼女とその周囲にとどまった。

17世紀後半から18世紀前半までの時期には、新旧両大陸を舞台にしてイギリスとフランスの植民地争奪戦が展開されたのだが、ヨーロッパ大陸ではルイ14世のフランスが圧倒的な力をもっていた。こうしてフランス語が外交用語として重きをなすようになり、またフランス宮廷がはぐくんだバレエやオペラが形をととのえていった。モードについても同様に、太陽王がもちいた胸飾り（クラヴァット）が、後世のサラリーマンの目立たない服装のアクセントとなるネクタイの始めである。宮廷社会をリードした美姫たちのファッションが世間の耳目をあつめ、じきに世界にひろがっていく。[12] たとえば、ネグリジェはルイ14世の愛人モンテスパン夫人が女性用の部屋着として普及させた。ついでだが、そのモンテスパン夫人の子供の養育係として卑賤の身から宮廷にはいったのが、のちに女王の名をほしいままにし、晩年の国王と秘密裡に結婚したとされるマントノン夫人である。

18世紀半ばにはインドと北米を舞台とした植民地戦争に決着がつき、イギリスはようやく世界史の主人公となる。遅れをとったフランスでは、絶対王政とそれに寄生した閨房政治の弊害がさけばれ、１７８９年ついに革命がおこる。フランス革命は近代の国民国家の枠組みをつくった大事件としておしえられるが、一方では女性を権力の座から遠ざける傾向もあった。たとえば、昔のフランス革命史でふれられることのなかった野卑なカリカチュアには、王妃マリー＝アントワネットのスキャンダラスな生活を露骨にえがいたものがある。[13] ぶ厚い礼装の下穿きの下には何も身につけていないから、いつでも男性をうけいれることができるというわけ。「王妃の体はみんなのもの」という題は、共和国という言葉のラテン語（レス・プブリカエ）をあてこすったもの。急進共和派（ジャコバン）の指導者マクシミリアン・ロベスピエールは、この外国出身の王妃が健全な家庭をないがしろにし、国政にいらざる口出しをしたとしてギロチンにおくった。王妃の処刑が恐怖政治（テルール）の開始をつげる。

エリザベス1世の治世下にメリヤス編みの機械が発明され、ストッキングの量産が可能になった。[14] 18世紀のイギリスで女性解放の先駆けとなったブルー・ストッキングの運動（仏語ではバ・ブル、日本では青踏派としてしられる）が起こったのも理由のないことではない。活動の中心になったのはモンタギュ夫人だが、青いストッキングを最初にはいたのは男性だった。初めは男女の区別がなかったどころか、むしろストッキングは短い上衣を身につけるようになった男性用として発達したのだった。黒色の練絹《ねりぎぬ》製ときまっていたが、そうした常識にそむいて青色のウール製をはいたのは、ベンジャミン・スティリングフリートという男性である。かれの奇妙な反逆精神が女性運動の始まりに位置づけられるというのも、歴史の面白い逆説である。フェミニストという言葉も、元は女性にやさしい男性を意味した。共同参画社会は、やはり女性と男性の対話と交渉の可能性をさぐることを目的としなければならない。

工業化と市民革命という、社会と意識の近代化の両輪がまわりはじめると、男性中心に政治社会が再編成されていく。そうしたなかでの女性解放の歩みは、自由と拘束のあいだを激しくゆれうごいてきた。現代的な意味でのフェミニスト、つまりは活動的な女性が指弾してやまない「専業主婦」は、19世紀イギリスの中産階級において発生した。[15] 伝統的な特権階級たるレディのたしなみが強調され、さらには衛生の観念と貞節の道徳がつけくわえられた。職業をもつなどもってのほか、そもそも職業婦人という言葉は性をあがなう女性たちを意味するというのが、男性のほとんどと女性の「良識派」の意見だった。口に糊する職をもたず、それでいて家庭と地域社会に秩序をもたらすべきとされた、いわば「擬似レディー」が存在意義をあたえられる。

フランスの第2帝政期に流行したクリノリン（仏語ではクリノリーヌ）は、誰かに助けてもらわなければスカートさえはけないという、「しかるべき家庭」の女性たちの不自由さを象徴している。南北戦争以前のアメリカ合衆国南部の大地主階級の生活を描いた『風とともに去りぬ』（1943年のアメリカ映画）でしられるコルセットにも同じ意味あいがある。ブルジョワ女性のくびれた腰は、胸と腰を強調し、人口の再生産を保証するものだったはずだが、不健康どころか若死にすることもあっただろう。[16]

19世紀後半にはズロース型の水着（ベイジング・ドロワーズ）が登場する。それ自体は女性の活動の場をひろげるのに貢献したといえるが、当初は男の目から隔離されたところでしか身につけることはできなかった。水着に代表されるスポーツ・ウェアの一段の進化は、19世紀末の自転車ブームをまたなければならない。そのころになると、テニスのスコート（スカートの転訛）やレオタード（空中ブランコを創始したレオタールに由来）など、「女らしさ」を演出する装いが開発されてくる。ブラジャーの誕生とは別に、トップとボトムを連結したトータルな装いとして登場したスポーツ着が女性衣料の進化にはたした役割は小さくない。[17]

ところで、拙訳になる19世紀の流行小説『帽子屋パチュロの冒険』（１８４２年）は木綿の帽子屋（ボネチエ）を主人公とする。１８３０年代のパリ風俗に取材した作品だが、この帽子屋というのがメリヤス製の下着もあつかっていたことから、下着の歴史と関わりをもつ羽目になった（図4b）。名義上の主人公ジェローム・パチュロの愛人で、のち晴れて夫婦になったマルヴィナは、白や生なりが普通だった下着にさまざまな色をつけて販売し、大ヒットをとばした。[18] 下着の世界に色彩革命をおこしたわけで、パリ・モードの先駆として記憶にとどめておきたいところである。

20世紀のココ・シャネルの活躍が帽子屋からはじまったというのも、なにか因縁がありそうだ。[19] ただし、この場合の帽子屋（シャプリエ）は羽飾りなどをあしらった高級品をあつかう。ココは英米主導の世界経済にフランス発のファッションという楔をうちこみ、なおかつキャリア女性の鑑として女性学の生

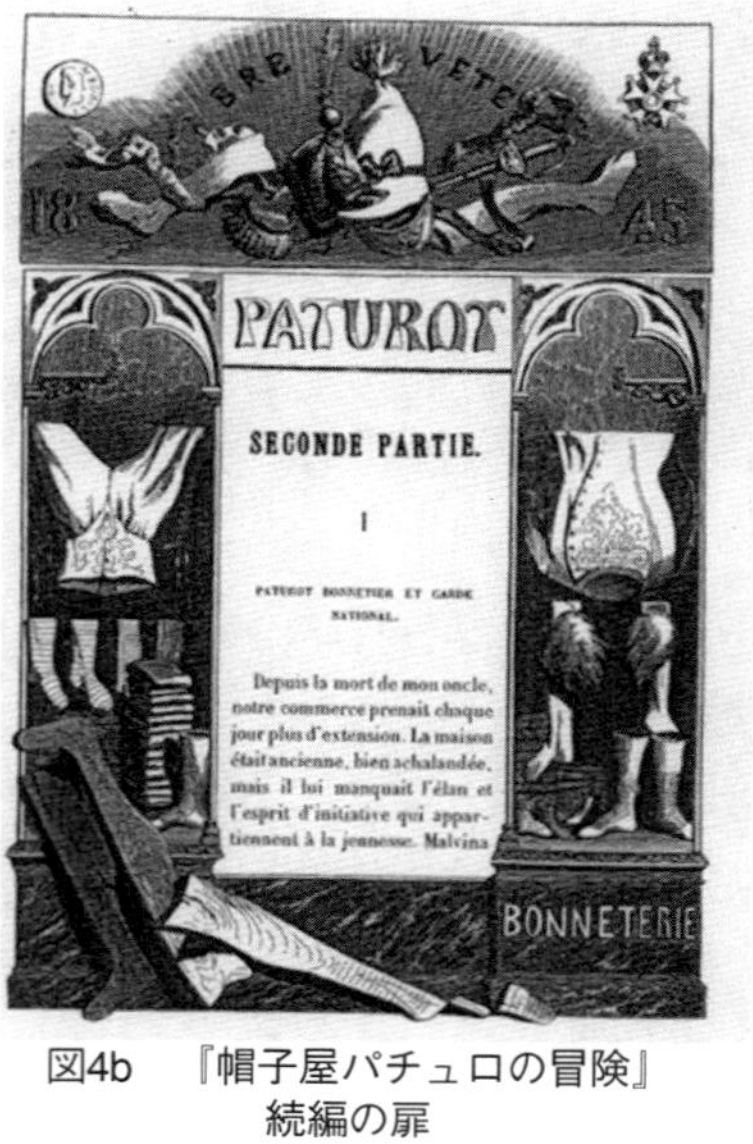

図4b　『帽子屋パチュロの冒険』続編の扉

きた教材ともなった。彼女の本当の姓ボヌールとは幸福の意味。その名は、文豪エミール・ゾラの作品『ボヌール・デ・ダム百貨店』（1883年）を思いおこさせる（ダムは英語のデイムと同じで貴婦人の意味）。野心にみちた資本家が「ご婦人方の幸福」のために、つまり有閑夫人の消費を刺激するために、あれこれと商品戦略をねるくだりが読みどころである。小説は大資本の百貨店と小商店のぬきさしならぬ対立を主題としているが、作者は破産した商店主の娘（いまは百貨店勤めの身）と資本家を最後に結婚させて、社会矛盾にいちおうの解決策をあたえている。[20]

ココに話をもどすと、彼女は第1次世界大戦の直前にパリで帽子屋をひらき、そこから女性衣料全般にわたる商品開発へとつきすすんでいった。日本の女子中等教育におけるセイラー服につながるのだが、イギリス海軍の水兵服にヒントをえてジャージー地の女性向け寛衣を考案し、はたらく女性の仕事着として定着させた。これがシャネル・スーツの起こりである。昨今のライン入りのスポーツウェアと由来を同じくするというのもおもしろい。ジャージーというのはイギリスの州の名で、その地におこった伸縮性のある服地（織りではなくて編み）からきた言葉である。その後も、スーツから部屋着まで活動的でくつろげる衣料を発表していったシャネルの店は、大量生産可能なデザイナー・ブランドという二律背反を克服して、両大戦間の時代にすでに世界的な名声をえていた。帽子屋を開業するまでの苦闘時代や、ブランドが定着してからのビジネスでもかたられざる部分が多く、ココ自身の私生活はかならずしも幸福とはいえなかったようだ。しかし彼女は、在来の道徳観念にしばられた家庭婦人の立場にあまんずる女性たちのあいだにさえ意識改革の気運をもたらした。女性の〈からだ〉を解放したヒロインとして、その名は今後も顕彰されることだろう。

筆者も身体史の一環としてバレエの歴史に関心をもったことで彼女の活動と人脈の広がりをしり、目を丸くしたことだ。ロシア・バレエ団の偉大なプロデューサー、ディアーギレフ（第一章を参照）の最期の場にココがいあわせたというのだ。バレエ団の衣装を彼女にまかせたのが機縁となって、熟年の二人は逢瀬をかさねるようになった。ディアーギレフは大変な美食家で、初老の域に達する前に糖尿病でなくなり、下着の歴史に関わりの深いヴェネツィアで永眠している。遺骸につきそってアドリア海の奥まった潟にうかぶ墓場だけの島にむかったのが、ほかならぬココだった。映画「ヴェニスに死す」（1970年、米伊合作）にもつうじる爛熟の気配がただよう。生きてなお身体の拘束とたたかう者と、死して芸術の守り神のごとくあがめられる者。二人の道行きは、滅びに瀕しながらも新たな生命をはぐくもうと身もだえるヨーロッパ文明を象徴するかのようだ。

三　みえないコルセット

セイラー服という異性装もさることながら、服装規定が厳格だったはずの第2次世界大戦前の時期に、日本の女子中等教育で太腿を露わにするブルマが普及したことには正直おどろかされる。その背景には、どのような事情があったのだろうか。ブルマの語源となったのは、19世紀なかばに出たアメリア・ブルマーというアメリカ女性である。ココ・シャネルの先駆者として、彼女は活動的な女性のためにブルマー服を考案した。それは鍔広の帽子にハーレム・パンツふうの衣装をくみあわせたエレガントなものだった。1851年にロンドンでひらかれた最初の万国博覧会を好機として、ブルマー夫人はその普及をはかるため会場にのりこんだ。ところが、女性の下穿き（英語のドロワーズ、いわゆるズロース）をおもわせる形態が娼婦を連想させたらしく、発表当時は一大スキャンダルをまきおこした。[21]

ようやく20世紀の初頭になってから、海水浴の水着を経験して下着姿への抵抗感を薄めたアメリカの少女たちがブルマー服を愛用するようになる。このブルマー・ガールの姿が渡米した日本の教育行政官の目にとまったのだろう。日本にブルマが導入され、女子師範学校をつうじて急速に全国に普及する。

当初は短袴の裾を足首でゆわえるパンツルックだったはずだが、やがて太股もあらわな提灯ブルマになっていた。その着用は女の園の内部にかぎられ、世間の目にふれる機会はめったになかったのだが、女性競技者の出現には大いに貢献した。1928年のオリンピック・ロサンゼルス大会陸上競技での人見絹江選手の活躍は、日本型ブルマの存在を抜きにしては語れない。1960年の東京オリンピックで金メダルを獲得した「東洋の魔女」たちは、紡績企業の社内チームということもあって、汗の吸い取りのいい木綿製でありながら伸縮性にとんだ素材をつかい、ブルマを姿のよいショートパンツふうに仕立てていた。日本のバレーボール界はそれから長い低迷の時期に入る。Vリーグをたちあげたころのバレーボール協会が、観客増をねらってボディウェアもどきのユニフォームを強制しようとしたが、選手たちは猛反発してその企みをほうむりさった。室内でおこなうバレーボールと、太陽のふりそそぐ浜辺でおこなうビーチバレーを同じ目線でとらえたところに失敗の原因があると思われる。

日本では学校教育をつうじて体育・スポーツが普及したために、男女のスポーツ着もかえって性差を強調するものになった。山登りでも陸上競技でも男女の差が問題にされる道理はない。水泳にしても、いまでは水の抵抗を最小限にする全身スーツが開発され（鮫肌が特徴とか）、しだいに一般的になってきている。くり返しになるが、過酷な自然に接していたときには、服装規定に性差をもうける余裕などなかった。スポーツでも同様に、さしあたり恥じらいなどとは関係なく激しい運動をするのだから、機能的であることが第一義となる。

すでに服飾の世界では19世紀末から、性差をのりこえたユニセックスの服装が提案されている（図4c）。女性のほうはココ・シャネルの登場以来、男性向けのデザインを女性用に積極的にとりいれてきた。ジーンズの流行から女性のズボン着用の習慣が定着したといえるが、スカートの下穿きとしてのズボン着用は19世紀の労働者階級ではあた

図4c　「男のすなる野外生活を女もしてみんとて……」（『ラ・カリカチュール』1881年9月10日号）

り前のことだった。いまはロング・スパッツとかカルソンとかの名で、ごく自然な服装と見なされている。女性のデザイナーから男性用衣料を提案するということも普通のことになった。むしろ男性のほうが性差を無視する方向での意識改革についていけないのが現状のようだ。女性が男性下着を身につけてメディアに登場し、また男性アイドルが生理用品のCMに起用されるといった形で、すでに変化の兆がみえる。これまで私たちの行動を規制してきた社会常識をかなぐりすてたら、ずいぶんと気が楽になるはずだ。少なくとも下着泥棒や通勤電車内での痴漢などという、おぞましい存在は減るだろう。

20世紀に入ってからの下着の世界におけるアメリカ合衆国の貢献には、はなばなしいものがある。フランス語で女性用の下穿きをいうときに、キュロットという言葉もあるが、これは半ズボンの意味にもなる。女性専用では、やはりスリップとかパンティというのだが、いずれも20世紀初頭に行動的な女性が活躍するアメリカで生まれた言葉に違いない。１９３８年のデュポン社によるナイロンの発明は下着革命をひきおこした。デュポン社は18世紀フランスの著名な経済思想家（フィジオクラット＝自然の支配、日本では重農主義者という誤訳が定着してしまった）ピエール・サミュエル・デュポン・ド・ヌムールの長男がはじめた会社だから、フランスの貢献といえないこともない。ちなみに、ビキニという言葉も米仏合作である。１９４６年ビキニ島でのアメリカの水爆実験から、究極の下着という意味でフランス人ジャーナリストが名づけた。それだけにとどまらず、（ビキニのビがふたつという意味の接頭辞につうじるため）モノキニという下半身だけのファッションも発表されている。最近ではタンキニ、すなわちタンクトップとビキニの組合せもある。こちらは熟年女性からも支持されているようだ。

下着素材の主流はナイロンからポリウレタンに変わったが、それを開発したのもデュポン社である。パンティとストッキングを合体させたパンスト（英語ではパンティ・ホース）も初めはアメリカで試作されたが、普及品をうりだして成功したのは日本の企業（当時の厚木ナイロン工業）である。スキャンティは、最小限の布地という意味から、日本の下着デザイナーの草分けというべき鴨居羊子が名づけた。彼女は1955（昭和30）年以降、たびたび大阪や東京のデパートでオリジナル下着の展覧会をひらき、なかには前開きのパンティなども陳列されていて、大いに物議をかもした人である。[22)]いまや女性下着のトップメーカーとなったワコールの創業者である塚本幸一は、鴨居羊子の存在を意識しながら、過激な彼女にたいして距離をとっていたようだ。とはいえ、「女性性」（フランス語でフェミニテ）を強調するその姿勢に、ワコールの商品戦略が影響されたことは否定できない。元はガードルなどの基礎下着を得意とした和江商事が、社名を現在のように変えたころから、縁取りに飾りをつけ、身頃にもレースをもちい、色とりどりの品揃えをするようになった。いかにも女性的な装飾を下着全般にほどこして、同社の全国制覇がなったともいえる。1970年代には、例の「天使のブラ」でヒットをとばしたドイツのトリンプが、世界戦略の一環として日本にも上陸した。80年代以降は通信販売（たとえばセシール）や訪問販売の隆盛もあって、下着の市場がいっそう活気づいた。

シャネル・スーツの流行からこのかた、コルセットをぬぎすてた女性たちが社会活動の場をひろげてきたことは間違いないが、それで男女の差がいっきょにちぢまったわけでもない。次つぎに発表される下着は機能的で、それらを身につける者に自由な動きを保証してくれる。ところが、逆に新しく登場する下着にしばられて、身体が悲鳴をあげている面もある。たとえば、胸元に視線をあつめようとしてトップを過剰に意識し、胸の谷間をきわだたせるというフェミニテ戦略がある。いっとき鉄のワイアーにしめつけられて、不具合を感じた女性も多かったことだろう。またボトム、つまりはヒップラインを強調するあまり、脚をむきだしにしたため、多くの女性がダイエットを無理強いされている。無駄毛の処理も緊急の課題とならざるをえない。いわば「みえないコルセット」にしめつけられているわけだ。

服装における性差の解消（ユニセックス化）という20世紀の流行（モード）のあり方に背をむけるように、下着にかんしては一貫して女性が「女らしさ」をしいられることになったようにみえる。男性下着はそれと裏腹に、男性器を外に向けて意識させないよう（お相撲さんのマワシがそうだというが）極力内部におしこむ形になっている。そうした抑圧からの解放をめざしてなのか、男性のなかに女性下着を身につけることを趣味とする者があらわれた。この種の異性装（トランスヴェスティズム）は、宗教裁判でその故をもって有罪とされたジャンヌ・ダルクの場合とは性格を異にするが、社会的なタブーを侵犯していることに自己の存在意義をみいだすという点では共通している。

異性装は異性装としてあっていいのだが、その人にとって男性ならばあの服装、女性ならばこの服装、という分け目がきっちりしすぎているところに問題がある。この章の趣旨は、性による服装の違いというものが歴史的には新しい部類に属し、しかもごく短い周期で変わっていくということ。ジェンダー・フリーとはジェンダー（社会的・文化的な性別）による差別を容認しない立場であって、性の表徴をとがめだてるものであってはならない。フェミニテ戦略も「男らしさ」（マスキュリニテ）の強調も、ともにモードをつくる側に操作されていて、個人の自由な表現をゆるさないほど不自由なものになっている。ファッションばかりが華やかになって、個性的なお洒落が衰退しているようにみえるのは、そのようなモードと個人の関係の歪みからきているのだろう。

第五章　身体史としての女性史

一　聖視と賤視

歴史意識の芽ばえる以前から、女性は新しい生命を生みだすという役割のために神聖な存在とあがめられ、あるいは血の禁忌のせいで卑賤な存在におとしめられた。したがって、男中心の社会が形成されると、女を個別に隔離して同性の連帯をはばむようになる。近代の男性にとって、なお女性は聖性と魔性をあわせもつ存在である。

中世ヨーロッパの盛時には、聖女が輩出して篤い信仰心をきそいあった。中世から近代への移行期には、一転して魔女弾圧があいつぐ。近代において、聖女と魔女の両義性が克服され、女性は男性と同等の人格をみとめられたかというと、さにあらず。むしろ、資本主義の社会制度のなかで第2級の市民としての扱いが定着した感がある。[1)]「女神のたそがれ」とでもいうべき近代史の黎明期を、「性の禁忌」と「自由の抑圧」という両面からさぐっていこう。

人間精神の近代化の始まりというべき啓蒙思想では、女性の地位が解放される方向へむかうというより、むしろ抑圧の傾向が強まった。[2)] 17世紀フランスの古典主義の作法にのっとった悲劇では、女主人公《ヒロイン》たちの生き方は18世紀の啓蒙期よりはるかに積極的だった。コルネイユ作の『オラース』(第二章を参照)では、カミーユはローマの代表となったオラース(ラテン語でホラティウス)家の娘でありながら、敵国アルバ（・ロンガ）の代表クリアス家の許婚者の遺骸にとりすがってローマをのろい、勝利した末弟によって殺される。[3] 古代ローマでは、このような状況下での身内の殺人を事件として立件できるかどうかが問われたのであり（ティトゥス・リヴィウスの『ローマ建国史』にもとずく）、そもそも女性の個人名はありえない（氏族の名を女性形にする）。革命期の新古典主義を代表する画家ジャック＝ルイ・ダヴィッドの出世作「オラース」（1785年）には、当のカミーユの姿はみえない。それらをかんがえあわせれば、フランス古典期はあきらかに女性の主体的な「愛情の選択」を重視している。

同じく悲劇作家ジャン・ラシーヌ作の『フェードル』（1677年）は、義理の息子イポリュットに道ならぬ恋をしかけたギリシア神話中の女性フェードル（ギリシア語でパイドラー）の心理の綾をほりさげる。[4] パイドラーはアテナイの英雄で迷宮のミノタウロスを退治したテセウスの后だから、これはブルボン王家の人間模様を下敷きにしたともとれる。性的なほのめかしは極力さけられているが、感情だけの動物ではない女の生きざまがえがかれていることは間違いない。

自分の愛人でもあった女性団員たちの恋の鞘当になやまされたといわれるモリエールは、『才女気取り』（1659年）で学問のある女性を嘲笑している。[5] モリエールの露骨な嫌がらせにもかかわらず、いわゆるプレシウーズたちはあえて男名前など名乗らなくても自由に文学を論ずることができた。彼女たちが文芸サロンの興隆を準備したのだが、18世紀の世間的な風評としては、文学や政治談義に興ずる女の存在はそれ自体がスキャンダルの種になりかねなかった。おりからの絶対王政と閨房《ブドワール》政治の結びつきを指弾する声とも和して、みずからの意志を表明する女性が危険視された。『百科全書』（1751年〜72年）にかかわった反権力的な知識人と、宮廷に近いところにあった文芸サロンとは緊張関係にあった。[6] ドニ・ディドロとともに『百科全書』の編集にあたった数学者ジャン・ル・ロン・ダランベールは、自分をすてた実母でサロンの主宰者としてもしられるタンサン夫人とは、ついにうちとけなかった。文化的ヘゲモニーをめぐる闘争で、権力志向の女性は旧体制とむすびつけられたのだった。

革命が勃発すると、下層階級の女性の声が政治に直接反映されるようになる。たとえば、1789年の10月には、気風《きっぷ》のよい市場女たちがヴェルサイユまで行進して、国王一家をパリにともなった。また、93年から翌年にかけての恐怖政治（テルール）期には、編み物女たち（トリコトゥーズ）が革命裁判所の傍聴席に陣どって、野次や足踏みで裁判の結果を左右した。いわゆるサン・キュロット女性は、旧体制下で残忍な処刑をみまもった下層女性たちの感情生活の延長上で、血に飢えた民衆のイメージをかきたてる。[7]

ところが実際には、革命は階級差をこえて女性という存在自体を抑圧する結果になった。王妃マリー・アントワネットは息子の皇太子と性的関係をむすんで、国王の血統をけがしたと噂された。あるいは、ジロンド派の指導者で内務大臣となったジャン・ロランの妻マノン（旧姓フリポン）は、陰から夫をあやつって政治を私し、閨房政治を復活させたと非難された。[8] さらに、劇作家をこころざして上京し、革命情勢に呼応して『人権宣言』（1789年、成文憲法の前文になる）の向こうをはる『女権宣言』（179

1年）を起草したオランプ・ド・グージュは、政治にいらざる口出しをしたとして逮捕された。[9] ヌードの美人画に「オランピア」という画題があることからもわかるように、その名は性を売ることを世間に公言したととれる。彼女たちはいずれも、ジャコバン派の指導者ロベスピエールから名指しで非難され、家庭をすてただけでなく共和制国家をあやうくした悪女としてギロチンにかけられたのだった。

帽子の羽飾りをなびかせ馬上から民衆を鼓舞して、「革命のアマゾネス」と仇名されたのがテロワーニュ・メリクールという女傑である。彼女は革命期を生きのびたものの、後半世は精神病棟に閉じこめられた。自身の身体の管理もままならず、当時の言葉でいう「動物的狂気」の実例とされたというのも哀れである（図5a）。[10] テロワーニュが生涯をおえたサルペトリエールとは、ルイ14世によって設立されて以来、いわゆる「一般施療院体制」の一翼をなす施設で、もっぱら女性の貧民や老人を収容してきた（第七章を参照）。精神病と女性を強引にむすびつける19世紀の知識人の論調については、後段でふれることにしよう。革命で名をあげた女性たちを抑圧する論理は、幻想としての家族のイメージだった。革命遂行が困難

図5ａ　テロワーニュ・メリクール
左：若き日のテロワーニュ、右：サルペトリエールでの晩年

とみえたとき、家父長的な家族の倫理を強調して強権的な共和国を維持しようとしたのだ。

二　工業化社会での新展開

性のなまなましさを表現することは、むしろ革命以後に禁忌とされ、それにおうじて女性の活動領域もせばめられていった。ところが工業化社会の進展によって、とくに地方での紡績、首都での縫製作業などに女性の労働力が動員されるようになる。サン＝シモン主義の衣鉢をつぐプロスペル・アンファンタンが新興宗教の形をとって、みずからを教団の「父」とし、パートナーとなる「母」をもとめて東方への旅を企図したのは、そうした時代相を背景としている。[11)]

とはいえ、ロマン主義文学のなかの女性たちの描かれ方は通りいっぺんの感がいなめない。ユジェーヌ・シューの『さまよえるユダヤ人』（１８４３年）に登場するユドールしても、ヴィクトル・ユゴーの『レ・ミゼラブル』（１８６２年）のコゼットにしても、逆境にたえて健気に生きていく少女という枠にはめられている。[12)] 虚構の世界の少女たちにくらべて、生身の〈からだ〉をそなえた女たちは社会に目をひらいていく。フロラ・トリスタンは実際に巡歴職人の修業の経路をたどり、ロンドンとパリの下層社会にも目をむけている。きめこまかな心理と自然の描写にたけた作家ジョルジュ・サンドもまた、『フランス巡歴職人』（１８４０年）で労働の世界に注意をむけている。彼女は２月革命直後に急進共和派のルドリュ・ロランに接近し、かれに代わって政治綱領を起草したといわれる。[13)]

共和主義による歴史の進歩をしんじ、鋭い筆さばきで風俗人情を活写した画家ドーミエが、じつは反フェミニスト的な風刺画を多くのこしていることは、あまりしられていない。そこで揶揄されているのは、もっぱら青踏派（第四章を参照）の中産階級女性たちである。[14)] ドーミエの絵がもてはやされたということは、女性の社会進出にたいする男たちの警戒心がそれだけ強かったということだ。ロマン派の歴史家として名高いジュール・ミシュレにしたところが、権力にたてついて公職をしりぞいたのはいいが、娘ほども年のはなれた妻に後半生の面倒をみさせるなど、およそ生活力のとぼしい人だった。かれの『愛』（1862年）では、女を「自然の中の聖の聖なるものである」としながら、「女は物理的には全く液体的な存在であり、従って奇妙に変化しやすいものである」などとして、いかにも古めかしい身体観を披瀝している。

別の箇所では、『女とは何か。それは病気である』というヒッポクラテスの言葉を引用しながら、いわずもがなのことをつけたす。

男とは何か。それは医者である……（中略）彼はこの女を作ってきた。そういう意味で、夫は子供の父であると同じように妻の父でもある。彼は妻を作ってきたし、また作り直すこともできる。[15)]（森井真訳）

19世紀なかばにはすでに、小学校教育の義務化にともなって女性が公教育に進出していた。そうした女教師の一人ポーリーヌ・ロランは、サン＝シモン主義者として活動を始め、例の「母」にも指名されそうになった。１８４８年の公論沸騰を機に女権回復をとなえる共和主義婦人協会を設立した彼女は、51年のルイ＝ナポレオン・ボナパルトのクーデタにさいして投獄された。2月革命にさいしては大革命の反省にたって政治犯にたいする死刑判決がひかえられたはずなのに、ほとんど死を意味した「乾いたギロチン」、アルジェリアへの流刑処分というのはひどい。彼女はこの新しい植民地の徒刑場を盥回しにされ、数年後には恩赦となったが、病をえて帰国途中になくなった。[16] 女性だからというわけでなく、活動家一人をあつかうにしても権力側の大げさな対応である。

パリ・コミューンでは、やはり女教師の経歴をもつルイーズ・ミシェル（図5b）の活躍が目をひいた。とりわけ筆者が感動するのは、彼女がニュー・カレドニアに流されたときの挿話である。なみいる男の革命家たちが捲土重来《けんどちょうらい》とばかり脱出計画をねるか、あるいはまったく無気力になるかだったのにたいして、彼女は現地人（カナーク）の生活改善につとめ、読み書きなどもおしえたという。帰国してからの無政府主義者としての活動も筋金入りである。[17]

図5b　ジルベール・マルタン画
「女市民ルイーズ・ミシェル」

19世紀の下層女性の〈からだ〉をしばったのは、サン＝ラザール女子刑務所における売春婦の身体管理だった。同刑務所は中世以来の女性の駆けこみ寺としての性格をひきついで、授産所にかよう娘たちと通常犯罪の女囚、それに売春婦と性病治療の病人が収容されていた。非政治的な中産階級の女性には精神の病という網がかぶせられた。テロワーニュを収監していたサルペトリエールの名をいっそう高めたのが、ジャン・マルタン・シャルコーという医者である。彼は硬直症（カタレプシー）の女性たちをあつめて、しばしば公開講義をおこなった。一定時間内に、シャルコーの女患者たちはそれぞれに特異な症状を観衆に披露したものだ。医師の意をむかえて演技をする悲劇女優になりきっていたようだ[18]（第七章を参照）。

女性の精神生活の歪みが強調された理由のひとつは、消費生活の変化を男中心の社会が敏感に感じとったからかもしれない。百貨店の初めは、19世紀なかばにパリに出現したオ・ボン・マルシェ（「安売り店」の意）である。デパートメント・ストアは、消費を生活の必要からきりはなした。その意味で、消費は文化の域にまで高められた。それと同時に、不用不急の品物への購買意欲がそそられた。記号としての消費の始まりである。そうした生活環境で、必要でもない商品を万引きする女性たちの行動が問題視されるようになる[19]。こうして消費生活とむすびついた現代の負の女性神話が創作された。

合衆国のサンガー夫人による産児制限運動は、フランスではさしたる意味はもたなかった。なぜかというと、この国ではすでに19世紀の初頭以来、出生率がいちじるしく低下していたからである。産むか産まないかの選択は、早くから女性の思惑にゆだねられていたようだ。人口停滞による閉塞感をいやすために、家族の復興をとなえる社会運動がおこり、国際緊張を名目として教育現場における軍事教練が実施される。国論を二分したドレフュス事件では、根強い反ユダヤ主義（アンチ・セミチスム）の国民感情が露呈した。国家としての生き残りをかけた戦いでは、さしたる根拠がしめされないままに、国民の身体の純粋さが問われるようになる。[20]

家族という形をとおして男女は次の世代をはぐくみ、人間の生活に永続性を保証してきた。ところが、そうした生活文化が女性の貢献をおおいかくしてしまうようでは、さらなる展開はのぞめない。イギリスでは、功利主義の哲学者で経済学者でもあるジョン・スチュアート・ミルが『女性の解放』（１８６９年）で、人口の半分を抑圧状態においたままで社会の進歩はありえないとした。ノルウェーの劇作家ヘンリク・イプセンは、『人形の家』（１８７９年）の主人公ノラの口をかりて、女性の意のままにならない結婚や家庭生活の不毛をうったえた。スイスの富裕な都市貴族の家柄に属するヨハン・ヤコブ・バハオーフェンは、母への思いを『母権制』（１８６１年）にたくして、家父長的な社会秩序の影にかくされた本源的なものをあばきだした。合衆国の人類学者ルイス・ヘンリー・モーガンは、インディアンの共同体的家族の社会の観察にもとづく（みずからイロクォイ族の養子となった）『古代社会』（１８７７年）のなかで、原始社会から単婚家族への発展をとなえた。カール・マルクスの協力者フリードリヒ・エンゲルスの『家族・私有財産・国家の起源』（１８８４年）は、そのモーガン説に多くを依拠している。さらにドイツの社会民主主義者アウクスト・ベーベルが『婦人論』（１８７９年）のなかで、きたるべき社会主義体制下では女性の役割が格段に増大するとのべている。[21]

19世紀は女性の役割が歴史上で最も限定された時期だったといわざるをえない。ぎりぎりのところまでおいつめておいて、さすがに気のとがめた男性の一部の著述家たちが解放を約束しているのだ。社会主義の理論も女性解放を保証しているようにみえる。しかし、解放のあり方について検討する機会は、次世紀にもちこされた。

三　実存的「女の一生」

女性の歴史をかたることのできるのは女性だけである、と筆者はかんがえない。たとえば、男性の暴力からのがれるために女性が運営する緊急避難所（シェルター）の必要がさけばれている。そうした実例がみられるのは、もちろん男性の側の暴力（ワイフ・ビーティングなど）が原因なのだろう。しかし、女性の女性による女性のための組織にたよるのは、あくまで男女のあいだで議論がなりたたない場合にかぎられる。まして女性史という主題になれば、女同士のひそひそ話でおわらせてはなるまい。女性史は身体史として、男女両性ともにかたりつがれるべきである。政治社会の展開と無関係ではない女性の身体記述を男性にぶつけないことには、世間的な意味での恋愛も出産もできないのだから。

労働現場に関心をもったという点で、『工場日記』（１９５１年）のシモーヌ・ヴェイユは前世紀のトリスタンやサンドの流れをうける存在である。ところが、彼女の苦痛にみちた短い生涯では特定の男性との愛憎なかばする生活を体験するどころではなかった。その名がしられたのは第2次世界大戦後だが、最初の刊本『重力と恩寵』（1947年）には、「愛はわたしたちの悲惨のしるし」とあり、その節はこうむすばれる。

たましいが傷を受けないですむような愛が欲しいのなら、神以外のものを愛さねばなるまい。[22]（田辺保訳）

その言葉をしっていたわけがないのだが、シモーヌ・ド・ボーヴォワールはまさに「神以外のもの」を愛した。ボーヴォワールといえばジャン・ポール・サルトル。サルトルといえばボーヴォワールとならないところが問題なのだが。いずれにせよ、この二人のコンビは、歴史のなかの「父」と「母」の役割を20世紀においてなぞることになった。

ボーヴォワールはサルトルを師とあおぎ、なによりも政治運動の同志として尊敬していた。そこそこの敬意は愛情生活にふさわしいものだが、男が日常のなんでもない風景に「嘔吐」しなければならないような存在なら、女としてはその男から自己を隔離しなければならない。ボーヴォワールが私生活の記録を事こまかにかきとどめたのは、その隔離された自己だったのだろう。さて、表向きのカップルの顔は、冷戦構造下での特殊フランス的な政治選択のあり方にたいして、つねに異議申したてをしていくことでたもたれていた。しかし、愛情生活の実践はおのおの都合によって、とうにたちきえていた。夫婦とパートナーの違いをみせることによって、実存主義的な男女関係を実践したともいえる。

『第二の性』(1949年)は発表されるやいなや、世界中で大きな反響をまきおこした。その冒頭にある「女を女にするのはなにか」という問いに、心ある女たちは目から鱗が落ちる思いがしたようだ。戦うことをしらない女性たちにたいする励ましというより、軽蔑の念がまさっているようにおもえる。ただ、彼女の言葉はなによりも、かくされた権力の存在を明るみに出した。政治や経済といった社会システムもさることながら、家庭に文化、さらには言葉と意識といった操作的な部分にまで、性差による差別を正当化する仕組みがかくされていた! もっぱらブルジョワ女性によって推進されてきた性の解放の現実の成果はいかほどのものだったのか。フランスでも第2次世界大戦後ようやく参政権はあたえられたものの、家庭や社会の実情はなにも変わっていないではないか。[23]

ところが、ボーヴォワールの主張から半世紀近くをへて、女はさらに女らしさを強要されている。いまや夫や家族によってだけでなく、社会規範やみずからの消費行動によって、女性身体の規格化と商品化はいっそうすすんだ。産む性としての自覚もゆらいでいることから、いわゆる先進国における少子化の傾向はとどめようがない。結婚にも出産にもためらいをもつようになった現代の女性にたいして、もしボーヴォワールが生きていたら、どのようなメッセージをおくるだろうか。夫などというわずらわしい存在と深くかかわるな、とはいうだろう。あるいは、子供をもうけても自身の支配欲をみたすだけだ、として家族を否定するだろうか。実践に裏打ちされた実存主義の哲学にてらせば、家庭や子育ての文化を否定はしないようにおもわれる。ただ、それが抑圧的にはたらいたときに反抗できるだけの知力と体力をととのえよ、とはいうだろう。彼女は一人で車での遠乗りや山歩きを楽しむような、心身ともにあまりにも健康な人だった。

ボーヴォワール以後、女性をめぐる問題状況も多様化し、彼女が社会にたいしてつきつけた問いかけも拡散してしまった。[24] まずはジェンダー論がうちだされ、これはボーヴォワールの主張の延長上で議論を展開して、記号の体系にまでおよぶ性の非対照性をあばきだした。記号論と権力論をむすびつけたジュリア・クリステヴァは、『恐怖の権力』（1973年）で、「母」という絶対的な観念にそくしてフェミニズムにかかわる女たちそのものの自己疎外を告発しているようにみえる。[25] 特定の集団が運動につきすすめばすすむほど、普通の女たちとの連帯の可能性がうしなわれるからである。次にひかえていたのが自然保護思想との連帯。このいわゆるエコロジー的フェミニズムは、一方で女性を自然になぞらえてきた差別の歴史性を摘発し、他方で現代の自然破壊を告発するという二正面作戦を展開した。おりから、戦後世界を形づくってきた冷戦構造も崩壊の兆しをみせ、政治と社会のあり方を二項対立の図式でとらえることに反省がせまられた。男性性（マスキュリニテ）に女性性（フェミニテ）を対置するかぎり、産む性としての強靭さと、剛直な筋肉をあわせもたなければならない理屈である。たったひとつの〈からだ〉

で追求するにしては荷の重すぎる課題ではないか。

バハオーフェンによる「母権制」の神話学の核心にあるのは、身体にかかわる経験を原初的なものとみなす考え方である。それによって、父権的な諸関係は派生的なものとされる。それにたいして母性神話を真っ向から否定し、たとえば母性愛という感情も近代社会によって強制されたものとするのが、エリザベート・バダンテールの『母性という神話（プラス・ラヴ）』（1982年）である。[26] 女ならでは、とはいうまい。男も女も、すでに個別の論理だけではみずからの身体と意識を解放することはできない。自己実現のために自分をおし殺さなければならないという論理矛盾。そこに気づいたところから、集合的身体への自覚が生じる。たとえば、かりに自分自身の遺伝子をうけつがなくとも、わが子としてそだてることによって生じる親子の絆がある。20世紀の舞姫ジョゼフィン・ベイカーは養子を十数人もひきうけた。

フランス革命からこのかた二百年間、しいたげられた性の解放をうたうかぎり、闘争のフロントにあってフェミニストはうしなわれた権利を回復することを目標にできた。女性の解放は現実には達成されていないが、未解放の領域は意識の深層にかくされてしまった。現実に就職差別やM型就労という問題があると女性はいうだろうが、男性にも社会と家族にたいする解決困難な責任がおしつけられているから、おあいこである。表面上は闘争のフロントが消滅し、現実面での個別の努力がうながされる。いまや女と男のあいだには、実存的な「倫理」観の相克しかのこされていない。これを主体的にのりこえるというのは簡単だが、権利回復を要求していたときほど道のりは平坦ではない。だからこそ、女の〈からだ〉にたちかえって問題をかんがえなおす必要が生じたのだ（図5c）。

かつて「女性史は可能か?」として論じられた諸テーマは、いまや「女性抜きの歴史はありえない」となって、歴史学そのものを革新しつつある。[27]

図5C　「あなたの〈からだ〉が戦場なのよ」（クルーガー、1989年）

第Ⅱ部　公共的な〈からだ〉

第六章　建築における古典とロマン

一　古典主義の建築作法

建築という行為には、無から有を生みだす不可思議な力が必要不可欠である。素人でも平面図はひけるが、立体の建築物、たとえば梁や柱の出っぱりを思いうかべることはむずかしい。これは力学の知識にもとずいた空間の構想力ということになろう。それにくわえて、建築材料の種類や相場、建築予定地の地盤や地域の気象などへの配慮が欠かせない。東洋の伝統的知恵で風水というが、つまりは局所なりの全体的展望が必要ということだ。さらに建築家は建築そのものの公共的な目的を施主以上に心えていなければならない。現在の要請だけにしばられるのでなく、過去と未来にたいする見通し、いわば時間の想像力が必要となる。[1] そうしたことのすべてを一人の人生でみとおすのは無理だから、どうしても過去の遺産から知識と知恵を借用せざるをえない。近代西欧における建築のルネサンスをもたらしたのが、ウィトルーウィウスの『建築書』だった。

マルクス・ウィトルーウィウス・ポッリオは古代ローマ最初の皇帝アウグストゥスの時代の人で、その著作は紀元前30年から前25年にかけてまとめられたと推定されている。おおむねギリシアの事例によるとはいえ、古代の文献としては例外的に実証を心がけ、ヨーロッパ中世にも数多くの写本をつうじて大きな影響をあたえた。全体で10書からなるが、その第1の書に次のような記述がある。

哲学は、実に、建築家を心広く、かつ傲慢でなくてむしろ気安く平等であり、貪欲でなくて誠実であるように仕立てる。（中略）その他に哲学はギリシア語でピュシオロギアとよばれる自然論を展開する……。それは自然に関する多種多様の問題、たとえば導水における問題を抱えているから。[2]（森田慶一訳）

すなわち哲学と自然論は一体のものであり、自然の理法にかなわない構造物は人為による建築として永遠の生命を保証されないという主張である。ウィトルーウィウスの原本は15世紀末に再発見され、16世紀にはイタリア語訳がフランソワ1世に献呈されている。やがてフランス語に訳されて一般に流布し、近代建築の要諦とされた。

フランス建築史の流れとして、ルネサンスからの直接の影響のあと、担い手も様式もフランス化して、ブルボン絶対王政の諸王の治世とかさねあわせられる。いわゆるルイ13世様式（1580～1640年）、以下同じく（ルイ）14世様式（長い治世は前期1640～1660年と後期1660～1710年にわけられる）、15世様式（1700～1750年）、16世様式（1750～1789年）である。なぜルイの名がつづいたかというと、ブルボン王朝はヴァロワ王朝から王冠を簒奪した手前、聖人とあがめられる家祖、カペー王朝のルイ9世を前面におしだそうとしたからだ。ルイ16世が断頭台《ギロチン》の露ときえたとき、わざわざ神父がよりそって「聖王ルイのみもとに（行きやれ）」と声をかけたとつたえられる。その革命期にも美術史上の新古典主義に対応する、ときにポンペイ様式とよばれる特徴（1790年～1804年）がみられる。しかし、恒久的な建築として実現されることはほとんどなく、すぐにナポレオンの帝政様式（1804年～1815年）にとって代わられた。[3)]

ルネサンス様式から順にフランス建築史の流れをたどっていこう。16世紀前半には中世の城塞から発展したロワール河流域の城館にもルネサンス的な意匠をまとうものがあらわれたが、全体として無骨な印象をまぬがれなかった。フランソワ1世の豪放磊落な性格をよくしめすのが、防御のことなどまったく顧慮しない巨大なシャンボール城（ロワール・エ・シェール県、1519年）である。その屋根には無数の塔がつきでており、現実的な生活感と非対照性からくる奇妙な感じをただよわせる。ととのった形態のアゼ=ル=リド城（アンドル・エ・ロワール県、1529年）にしても、装飾性を強めたとはいえ四隅に塔をはりつけている。これら中世の最末期に位置するロワール河流域の城館にたいして、パリ南方のフォンテーヌブローに計画された離宮には、当初からイタリアの宮殿（パラッツォ）様式があてはめられ、あでやかな装飾がまとわされた（1531年に第1期が完成）。[4)] 楕円形の建物配置をかんがえたのはジル・ル・ブルトン。おそらくはブルターニュ出身の石工だったのだろう、詳しい事績はわかっていない。工事をひきついだのは、イタリアのボローニャ出身で『建築書』の著述もあるセバスチアーノ・セルリオ。現存する作品にアンシー・ル・フラン城（ヨンヌ県、1546年頃）がある。

個人名が顕彰されるようになってからのフランス人建築家の元祖ともいうべき存在がピエール・レスコである。有力な法服貴族の家柄でありながら、建築監督官（シュールアンタンダン・デ・バチマン）としてフランソワ1世につかえ、彫刻家ジャン・グージョンとともにヴァロワ王朝の主城にふさわしいルーヴル城の大改築を手がけることになった。その他の作品にイノサン墓地の泉水やカルナヴァレ館（現在は革命の遺物をあつめた美術館に）がある。ルネサンス末期のマニエリスムからうけついだ様式は、フランス古典主義建築の基本となる。[5)]

フィリベール・ドロルムはリヨンの人で、同市の施療院（オテル・ディウ）ではラブレーと机をならべて古典語と解剖学をまなんだという。生地にのこるローマ遺跡（リヨンの前身は古代ローマのガリア支配の中心ルグドゥヌム）に興味をもったことからイタリアに遊学、ウィトルーウィウスの名を冠した建築学校でまなび、帰国後パリにのぼってアンリ2世につかえた。寵姫ディアヌ・ド・ポワチエがイタリア人をきらったため重宝がられ、彼女のためにアネ城（ユール・エ・ロワール県、1548年設計）を建造した。その城門の破風には彫金家チェリーニの鹿の像がとりつけられたが（森の動物を眷属とするディアヌ＝ダイアナにちなむ、オリジナルはルーヴル所蔵）、このルネサンス的天才につうじるドロルムの強烈な個性が災いして、不慮の事故によって国王が急死したのちは宮廷から遠ざけられた。しかしカトリーヌ・ド・メディシスによって再度めしだされ、パリのチュイルリ宮殿造営をゆだねられる。[6)] ジャン・ビュランはドロルムの助手として実績をつみ、出生地エクーアン（ヴァル・ドワーズ県）の領主モンモランシー元帥の居城シャンティイ（プチ・シャトー、増築されたグラン・シャトーとあわせ現在はルネサンス博物館に）を手がけた。ビュランの家系は次の世紀までつづく。建築家としての仕事がチームワークであり、かならずしも血の絆とはかぎらないが、ある種の継続性が尊重されることをおしえてくれる。

ジャック・（アンドルーエ・）デュ・セルソーは親子孫三代にわたる業績が誰に帰属するか不分明であり、しかもプロテスタントの信仰が災いして個人としての業績が充分に顕彰されずにきた。イタリアの建築にまなんで摂政カトリーヌにつかえた父ジャック（1世）が、オルレアンを足場にルネサンスの建築手法と中世の城館建設の実際をふまえた建築実例書を刊行した。かれの亡命後、長子バチストがアンリ4世につかえ、王命によりポン・ヌフ（セーヌ河にかかる、現在はパリで最古の橋）の建築計画をたてた（1604年にギヨーム・マルシャンが完成）。さらにルーヴル宮殿のギャラリーを増築、いまもパリ東部マレ地区にのこる貴族の邸館（フェルム館、マイエンヌ館、ブルトンヴィリエ館など）を次つぎに建てていった。もう一人の息子ジャック（2世）はルーヴル宮殿にセーヌ河にそったグランド・ギャラリーを増築し、宰相シュリー公爵（マクシミリアン・ド・ベチューヌ）のためにシュリー館を建てている。このデュ・セルソー兄弟の甥にあたるのがサロモン（通称はジャック）・ド・ブロスである。活躍時期は1610年代後半から20年代と短かったが、マリー・ド・メディシスのためにリュクサンブール宮殿とその庭園を建造して歴史に名をのこした。そのマリーにローマ郊外ティヴォリの庭園風景を描いた書物を献呈し、アンリ4世の建築家としてフォンテーヌブローの増築とその庭園を完成したのがエチエンヌ・デュペラックである。フォンテーヌブローの正面に優雅な曲線をみせる左右対称の階段フェール・デュ・シュヴァル（蹄鉄の意味、１８１４年にナポレオンがその前で近衛兵に別れをつげた）は、バチスト・デュ・セルソーの息子ジャン（1世）の設計になる。マリーの個性がきわだってはいるが、夫たるアンリ4世と息子ルイ13世の統治した時代の建築がルイ13世様式とされる。厳密な左右対称と水平方向への壁面の広がりをその特徴とする。[7)]

ルイ14世の治世の前期をかざるのがフランソワ・マンサールで、パリのラ・ヴリイエール館（摂政時代とルイ15世期の2代にわたる権勢家の館で１８０１年来フランス銀行がしめる）や陸軍病院ヴァル・ド・グラスなどをのこした。北西ヨーロッパの都市景観を形づくる腰折れ（二重勾配式）屋根、その屋根裏部屋、あるいはそこにうがった窓を、その名にちなんでマンサルドとよぶ。甥の子ジュールが跡をつぎ、アルドゥアン＝マンサールを姓とする。こちらは太陽王の治世後期を代表する建築家となり、ヴェルサイユ宮殿の「鏡の間」、同庭園奥の大トリアノン宮殿、その近傍のマルリ離宮、パリではレ・ザンヴァリッド（廃兵院）、それにヴァンドーム広場とヴィクトワール広場を設計した。その弟子で義弟となったロベール・コットは宗教建築で本領を発揮し、ヴェルサイユにも礼拝堂をつけくわえた。[8)]

太陽王の建築を実務面でささえたルイ（2世）・ル・ヴォーは、親方石工の家系に属する。父（ルイ1世）と弟（フランソワ）、それに妹婿（シャルル・トワゾン）によるかれのチームは、建築請負業から始めて製鉄業にまで手をのばした。パリ西郊ヴァンセンヌ城の修復などで実績をつみ、セーヌ河にうかぶサン＝

ルイ島の貴族の邸館（ランベール館、ローザン館など）、セーヌに面した四国民学院（コレージュ・デ・カトル・ナシオン、現在の学士院）、サルペトリエール（女性向けの施療院）などの華やかで秩序だった建築で世間の注目をあつめた。大蔵卿ニコラ・フーケが発注したヴォー・ル・ヴィコント城で盛名をえ、いよいよヴェルサイユの造営にあたることになる。王の治世当初からすでに宮殿は生活の場であることをやめていたのだが、ヴェルサイユではその傾向がいっそう強まった。基壇の上に建つ1階部分をさらに高くして威厳を感じさせ、2階に柱列や彫刻を配して壁面を華麗に演出し、3階の軒端に律動的な変化をもたせて優美な印象をあたえる。宮殿内部には通しの廊下がなく、部屋から部屋へとわたっていくしかない。父親の書斎はともかく、幼い子供にも個室をあたえるというプライヴァシーの尊重は、後世のブルジョワ的な観念であるに違いない。

風呂やトイレがないという神話も国王の意図から発している。風呂の不在は伝染病を媒介する水への疑念が払拭されていなかったからであり、トイレは椅子式の可動タイプがもちこまれたのであって、けっして水回りが完備していなかったわけではない。体をぬぐったり排泄物を処理したりするのに、人手を介するほうが簡単だったからでもある。水の演出という点でわすれてはならないのが、ヴェルサイユの庭園を設計したアンドレ・ル・ノートルである。こちらも親の代から王宮の庭園の設計管理を生業としていたのだが、研究熱心なかれは視覚の研究をふまえた広大なスペクタクルを庭園に展開してみせた。やはりヴォー＝ル＝ヴィコントから始めて、シャンティイ、ソー、フォンテーヌブロー、サン＝ジェルマン=アン=レー、サン=クルーと、この時代の離宮庭園のほとんどすべてを整備し、刺繍花壇や5点形植栽（カンコンス）などで幾何学模様を描きだすフランス式庭園の様式を完成した（パリ周辺の離宮や城館の位置については図6aを参照）。ヴェルサイユのアポロンの泉では、水の飛沫が周囲の動かない風景に変化をあたえるだけでなく、水面がはるか彼方までつづいて神話的光景を現実のものにしている。これほど広大な庭園ともなると、もはや都市計画に匹敵する規模になる。[9] とはいえ、そこには生活者の姿はみえないのだが。

ル・ヴォー、ル・ノートル、そしてアルドゥアン=マンサールとならぶ業績をあげたのがクロード・ペローである。昔話の採集家（「長靴をはいた猫」などの『ペロー童話』）シャルル・ペロ

図6a　ロワール河谷とイール=ド=フランス地方の城館
（囲い文字は王城をしめす、17世紀のＰ・デュヴァルによる地図）

ーの兄にあたり、医家としての著述によって科学アカデミーの会員でもあった。弟シャルルが建築監督総監となり、その後ろ盾だった財務総監ジャン＝バチスト・コルベールの肝いりもあって、クロードはルーヴル宮殿の改造をまかされ、東正面3層2段の列柱廊を完成させた（建築計画を審議する委員会のメンバーになっただけとする説もあるが、かれの意見が物をいったことは間違いない）。他に実現した作品としてパリ天文台がある。ペローはいわゆる「古今論争」にかかわって「今」、すなわち太陽王の世紀をたたえる意図からウィトルーウィウスの著作をあらためて翻訳紹介し、その限界を指摘した。[10] ペローの論敵となったのがフランソワ・ブロンデルで、こちらは「古」、すなわち古典古代を支持する立場にもとずいて建築教育の仕組みをととのえ（王立建築アカデミー、１６７１年）、低地地方（オランダ・ベルギー方面）での国王の覇業をたたえるサン＝ドニ門を当時のパリ市街の北縁に建設した。同姓だが係累ではない18世紀の建築家ジャック＝フランソワ・ブロンデルは、東部のメッスやストラスブールで都市計画を実施するとともに、著作や学校教育をつうじて多くの後進を養成した人である。後のほうのブロンデルは、往時でも建築の素人とみられがちだったクロード・ペローの業績を高く評価し、（ペローに反対する立場の人たちの活動もふくめて）17世紀をフランス建築の黄金時代とみなしている。[11]

二　建築家受難の時代

ルイ14世の時代のル・ヴォーに匹敵するルイ15世の建築家がジャック（5世）・ガブリエルである。同名の父ジャック（4世）はマンサール家に協力してゴブラン工場やショワジー離宮、それにヴェルサイユの造営にあたり、太陽王の大事業を華やかにいろどった。息子のジャックは官途のほうも順調で建築アカデミー会員に推挙され、貴族に列せられた。建築家としての実績も相当なもので、パリのビロン館（現在のロダン美術館）や北郊のコンピエーニュ離宮を建て、さらにレンヌやボルドーで広場の設計と公共建造物の再配置をおこない、いまは都市計画の祖として高く評価されている。[12] 政治的には無能だったとはいえ、あまねく国民から愛された（ビアンネメ）国王ルイ15世は「ヴェルサイユでは国王として、フォンテーヌブローでは君公として、コンピエーニュでは農民として住まった」と述懐したという。太陽王の御代とは違い、建築様式では多用された曲線が謹厳さをやわらげ、国王といえども庶民と変わらない生活をすることが徳とされるようになっていた。ジャック（5世）の息子ジャック＝アンジュはヴェルサイユのオペラ劇場や小トリアノン宮殿を建設し、パリではシャン・ド・マルス（旧体制下の練兵場）に面した陸軍士官学校（エコール・ミリテール、士官候補生たる貧しい貴族の子弟のための施設）やルイ15世広場（革命期にコンコルド広場と改称）を設計した。とはいえ、ジャック＝アンジュはすでに直線を愛好した謹厳な新古典様式、建築史でいうルイ16世様式を志向しており、曲線を多様した王朝の華美な気風は、とうに昔のものになっていた。[13] 王妃マリー＝アントワネットも農家の女主人といういでたちで、小トリアノンのイギリス式庭園の奥まった一角に小さな村（プチ・アモー）をいとなんだ。

もっぱらリヨンで活躍し、同市のオペラ劇場（20世紀末に改築された）や施療院を建てたのがジェルマン・スフロである。[14] やがてパリにまねかれ、ルイ15世の病気平癒を神に感謝して発願されたサント＝ジュヌヴィエーヴ教会の建築にあたることになった。この指名や建築家としての栄達は、国王の愛人ポンパドゥール夫人の兄マリニー侯爵の引きによる。ところが、古代的な単純さと巨大さを復活させようとする稀有な建築計画にみあうだけの資金があつまらない。侯爵は3度も官許の籤を募集したが、それでもおいつかなかった。そうこうするうちに地震にみまわれて、当初から関係した者の生存中にはついに完成しなかった。（J・F・）ブロンデルの元でまなびスフロの助手となったジャン＝バチスト・ロンドレが、ようやく1789年（革命勃発の年！）にこの大事業をなしとげた。巨大なドームをもつ聖堂は無用の長物とみなされかねなかったが、国家の偉人をまつるパンテオン（ローマのそれにならった万聖殿）として新たな意味をあたえられる。篤実なロンドレは革命期に設立された理工科学校（エコール・ポリテクニーク）の教授となり、規矩術（切石術ともいう、ステレオトミー）の講義を担当する。

ルイ15世期のロココ趣味を代表する建築家がマリー・ジョゼフ・ペール（大ペール）である。ルーヴルとチュイルリをつなぎあわせ、ルーヴル内の「アポロンの間」や「国家の間」を荘厳《そうごん》した。大ペールの弟がアントワーヌ・ペール（小ペール）、息子がアントワーヌ・マリー・ペールで、革命期に再編成された教育制度をつうじて旧体制から19世紀へと建築家の系譜をひきつぐ役割をはたした。息子のほうのペールと同い年で、ローマでの寄宿生活を共にしたのがシャルル・ド・ヴァイイ（あるいはドヴァイイ）である。フィレンツェ生まれでフランスに帰化したジョヴァンニ・ニッコロ・セルヴァンドーニにまなんだヴァイイは、師匠が建築コンペでかちとったパリのサン＝シュルピス寺院の正面（ファサード）を完成させている。その弟子でパリ市建築家となったベルナール・ポワイエは、革命期に新古典主義の立場にもとずく建築計画を数多く発表し、なかでもセーヌ河の下流に位置する白鳥島に計画した施療院（オテル＝ディウ）の設計図面は有名である（図6b）。[15] とはいえ、革命騒ぎのなかで十分な資金計画もなく、ほとんどが実現されずにおわった。球や矩形など単純な形態へのこだわりは、フランス通《つう》の合衆国大統領トマス・ジェファーソンによってヴァージニア大学の基本計画にいかされている。また、１９８０年代以降のパリ改造計画（グラン・プロジェ）ではポスト・モダンの風潮のなかで革命期の建築計画が見直され、たとえばパリの再開発地区ラ・ヴィレット科学都市の構想にいかされている（ジノードといわれる球体の劇場・映画館）。

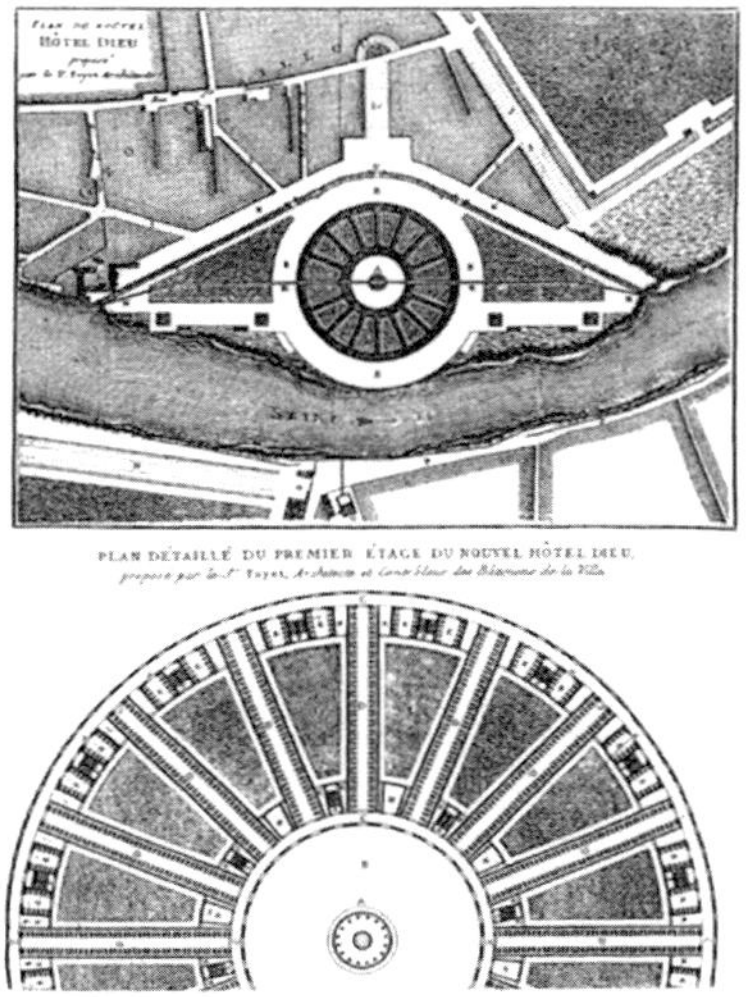

図6b　パリのオテル＝ディウの移転計画（方位は上が南、下図のＤは病棟）

なまじ旧体制末期に大きな仕事をしたため、革命期に迫害されたのがクロード・ニコラ・ルドゥー。

パリをとりまく「徴税請負人の壁」の各所に入市税関の建物をつくったのだ。円筒形の単純な形態は新古典主義を代表する建築といえ、いまも数か所にのこっている（上述のラ・ヴィレット近くのロトンドが有名）。が、物資の自由流通を阻害する施設であるには違いなく、建築家はパリ民衆の敵としてマドローネットに投獄されたのだった（第七章を参照）。ルドゥーの代表的な建築物として、ほかに東仏のスイス国境に近いショー（ドゥー県）の製塩工場がある。こちらは産業都市計画の先駆としての評価が高く、20世紀初頭に役目を終えて放置されていたが、いまは当初計画にそって整備されている。[16]

ルドゥーの過酷な運命とは対照的に、ペール（子）のもとでまなんだシャルル・ペルシエは、革命からナポレオンにかけての時代をたくみに生きのびた。[17] かれはローマで一緒にまなんだ仲のピエール・フランソワ・フォンテーヌを亡命先のロンドンからよびよせ、以後長く協働した。この二人はとりわけ室内装飾にすぐれ、のちに帝政様式とよばれる華やかな意匠を生みだした。ナポレオンの覚えもめでたく、チュイルリ宮殿の中庭にカルーゼルの凱旋門を建て、皇帝戴冠式（１８０４年）やオーストリアのマリー・ルイーズとの結婚式場（１８１０年）を豪華にかざった。王政復古から後はペルシエが後進の育成に力をそそいだのにたいして、逆にフォンテーヌのほうが政治との結びつきを深めていく。7月王政下に、革命以来うちすてられていたヴェルサイユを美術館にする大改造計画をたて、左翼の数階分を吹き抜けにしてフランスの戦勝場面を描いた絵画をおさめる大広間をつくった（現場はシャルル・ネプヴーが指揮）。

19世紀中葉の建築様式には、哲学と同じように折衷主義（エクレクチスム）の言葉がもちいられる。そ

の原動力となったのはロマン主義の思潮であり、建築家の新たな仕事場となったのが中世以来の城館や聖堂の修復である。ところが、その先鞭をつけたフランソワ・ドブレは、歴代国王の墓所たるサン＝ドニ寺院《バシリーク》の修復にあたって、明らかに建物全体のバランスを欠いた大ぶりな塔をつけて非難された。倒壊寸前の状態にたちいたってようやく非をみとめ、事業はユージェニー・エマニュエル・ヴィオレ＝ル＝デュックにうけつがれる。こちらは民主社会派（デモ・ソック）の政治家でパリ・コミューンにも参加したシャルル・ドレクリューズの甥にあたり、自他共にゆるす論客だった。自身が新しい建築をこころみることは少なかったが、『中世（11世紀から16世紀まで）建築論証事典』（1854年〜1868年）など歴史的な観点を重視した大部の事典の刊行事業をとおして、建築学界に大きな影響力をふるった。そのヴィオレ＝ル＝デュックも、中世を賛美しロマン主義に肩入れするのはいいが、建物自体の正確な再建には無頓着だったとして、現代の建築史家からしばしば非難される[18]。

ここで19世紀の歴史的建造物保存の意義を検証しておきたい。フランス革命は理性をたっとび科学的・合理的な精神によってみちびかれたとされる。いきおい、歴史を王朝的・キリスト教的伝統そのものとして否定し、城館・教会・修道院を次つぎと破壊していった。ロマン主義はそうした行き過ぎにたいする反省から、西欧の原点としての中世に回帰しようとする。古建築の修復にたずさわる者はたいていの場合、思想的には純粋な理念型にこだわり、方法的には中世的原理の根源をもとめて、どこまでも時間をさかのぼろうとする。結果として革命期の新古典主義につうじ、過度の装飾をきらって単純な形態に復帰しようとする傾向をおびる。いずれにせよ、建造物をどの時点までさかのぼって復元するかは微妙な問題である。ドブレやヴィオレ＝ル＝デュックを声高に非難する人は、シャルトル大聖堂《カテドラル》（ユール・エ・ロワール県）正面にそびえる二本の塔（新塔とよばれるゴシック式の古い塔と、旧塔とよばれるロマネスク式の新しい塔）を歴史的な混交として否定するのも同然だ。ともあれ、ヴィオレ＝ル＝デュックによってモニュメント博物館の構想が実現されたことだけは記憶にとどめておこう。

19世紀を代表する建築作品が、マルセイユのノートル＝ダム＝ド＝ラ＝ガルド寺院《バシリーク》（1864年）とパリのモンマルトル丘にそびえるサクレ＝クール寺院《バシリーク》（1910年）である。前者は地方の折衷主義を代表するジャック・アンリ・エスペランディウの代表作。巨大な黄金のマリア像をいただく四角い塔と大ドームの壁面は大理石と花崗岩の組み合わせでアラベスク風にしあげられ、異国情緒をただよわせる。後者はフランス南西部のロマネスク寺院の修復で経験をつんだポール・アバディの設計になる。ゆるやかな曲線を描く白い壁で参拝者をつつみこむようなドームと塔は、パリ・コミューンの犠牲者をいたむのにふさわしい。エッフェル塔とほぼ同じ時期に着工され、論争の的となったことでも相つうじるのだが、こちらは暖かな人間味を感じさせるパリにふさわしいランドマークとなった。[19)]

三　モダンの表象

現在のパリ市内の景観を形づくるのは第2帝政期の都市改造による商業地や一般市民向けの住宅整備である。たとえば高さは6～7階とさだめられ、建築材料や壁面後退にも厳密な規定が存在していて、家並に統一感がもたらされる。[20] 軍事目的あるいは伝染病予防の観点から旧市街の建物を撤去して幅広の道路を貫通（ペルセ）させることは、すでに第1帝政時代からこころみられている（東西方向のリヴォリ通り）。ジョルジュ・オスマン男爵の先輩格にあたるのがランビュトー伯爵（クロード・フィリベール・ベルトロ）。パリにおけるコレラ大流行（1832年）の翌年にセーヌ県知事となった7月王政期の有能な行政家である。ランビュトーは大通りに並木をうえ、街路灯の燃料を油からガスに変えた。警察官による日常の治安維持活動、すなわちパトロールも初めておこなわれるようになった。力ずくではない柔らかな物腰から庶民生活に目をこらす行政のあり方は、新しいタイプの権力が誕生したことを意味している。[21]

そしていよいよオスマンの登場となるが、その名によるパリ大改造（オスマニザシオン）はもっぱら行政主導、具体

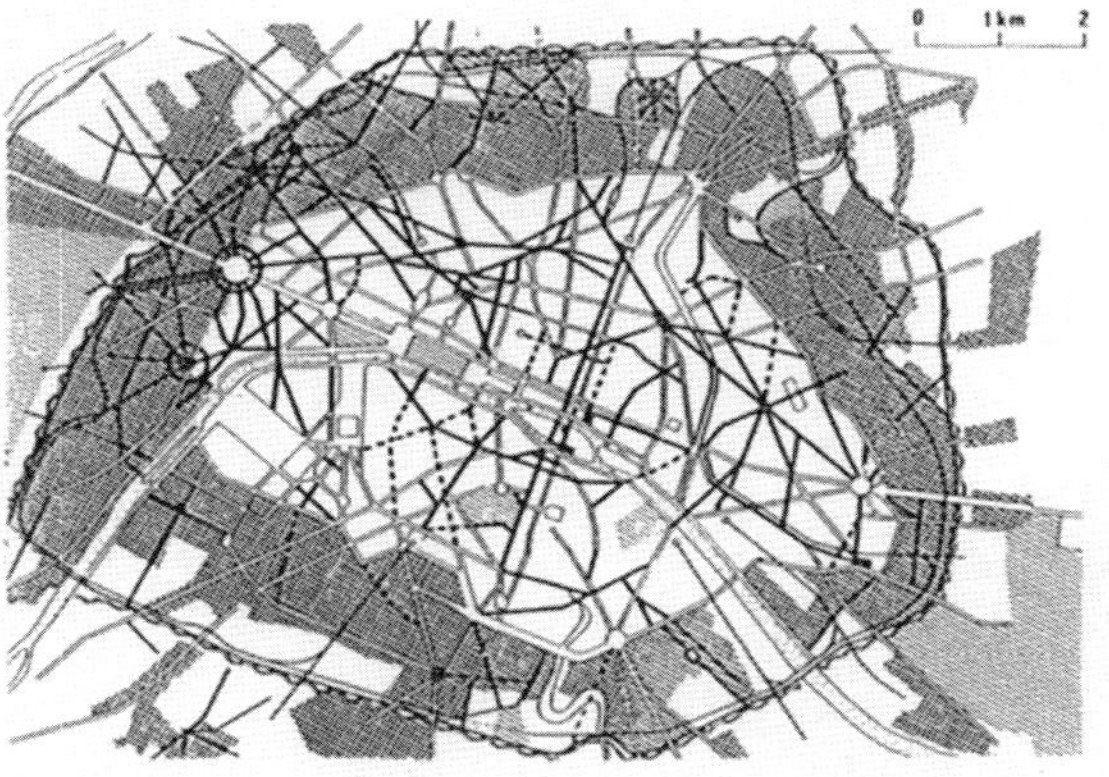

図6c　オスマン化の爪跡（太い実線が大通りの貫通、破線は計画のみ、網掛部は住宅開発、斜線部は環境保全地域）

的には土木事業重視でおこなわれたためか、建築史的にはたいそう評価が低い。ただ、ガブリエル・ダヴィウーなどの建築家もくわわって、鉄道駅と駅前広場、都市公園（たとえばブーローニュの森や地区の小公園）、中世以来の町並のおもいきった整理（シャトレ広場とそれに面したふたつの劇場）、数多くの公共建造物（たとえば後述する中央市場）などの事業を、短期間でいっきょに完成させたことは特筆されるべきである（図6c・前頁）。1878年万博のおりに整備されたトロカデロ宮殿（エッフェル塔の向かい側、いまはシャイヨー宮殿が建っている）はカジノふうのドームにイスラム式の二本の塔をつけた醜悪な建物で、いっさいの美的評価をこばむかのようだ。とはいえ歴史的建造物の修復と同じことで、個々の要素には才気が感じられないにしても、全体としてバランスがとれていればよしとすべきだろう。いずれ個別の建築は界隈の雰囲気にのみこまれていき、突拍子もないものは早ばやと放棄されるか、みずからを変容させるかしかない。だから、オスマン化は世界的な大都市（メトロポリス）を再生させるには必然の過程であり、他のヨーロッパの古都（トリノ、ローマ、そしてウィーンなど）も同じ道をたどらざるをえなかったのだ。[22]それにしても、20世紀の都市計画の視点からして、やはりオスマン化は不必要な外科手術という理由で否定されるべきだった。それについては最後の節でふれる。

パリ市の建築から19世紀的特徴をしめす公共建造物の例をいくつかひろってておこう。ロケット刑務所を設計したフランソワ・ゴーはドイツのケルン出身で、中世の教会や古代ポンペイ遺跡の歴史に関心をもち、新《ネオ》ゴシック様式を導入した。同じくケルン出身で建築家ジャン＝バチスト・ルペールの婿となったジャック・イトルフは、岳父の手がけたサン＝ヴァンサン＝ド＝ポール教会（１８５０年）を新《ネオ》ロマン様式でととのえるとともに、パリ北駅（１８６５年）で装飾美と機能美を両立させた。もうひとつ監獄の例になるが、世紀後半にパリ南部のラ・サンテ刑務所を設計したジョゼフ・ヴォードルメールは、閉じこめ装置としての監獄本体の厚い石壁をすて、軽快な鉄骨で空間を構成してアール・ヌーヴォー様式の先駆けとなった。フランスで建築の構造体にガラスを利用したのは、フランソワ・ベランジェによる穀物市場（アル・オ・ブレ）のドームである。鉄骨とガラスの建築を発展させたのは、（パリ市建築家の職を父親からひきついだ）ヴィクトル・バルタールによる中央市場（レ・アル、１８５７年）。その拡大版といえる１８６７年万博の主会場は、広大なシャン・ド・マルス広場に内接する楕円形の平面プランを実現し、20世紀の機能的建築を先取りしている（第九章を参照）。[23]

ダヴィウーとほぼ同世代のシャルル・ガルニエが建てたオペラ座（オペラ＝ガルニエ）も意匠的には無茶苦茶だが、ブルジョワによる社会支配の最盛期を現出した第2帝政を象徴する建築として、いまも大事につかわれている。ガルニエ自身は折衷主義の立場から建築史を総合しようという野心をいだいていたようで、１８８９年万博では「居住の歴史展」を企画実行している。[24] かれは庶民の住いの世界大の広がりを意識しつつ、異文化としての建築を自分なりにうけとめようとしている。フランスでは古典主義的傾向が相変わらず中軸をなしていたのだが、ロマン主義的傾向が勢いをえることによって様式にたいする確信がゆらぎ、近代建築の方向性がさだまらなくなった。そうした観念の隙間を、多様な住環境の提案によってうめようとしたのだろう。

20世紀フランス建築の幕をあけたのがトニー・ガルニエ。先のシャルルとは縁もゆかりもないどころか、こちらは合理的かつ機能的な近代主義の立場から過去のしがらみをたちきろうとした点で好対照をなす。トニーの考え方をうけつぎ、独自の解釈をまじえて実践したのがスイス出身のル・コルビュジエ（本名シャルル・エドゥアール・ジャンヌレ=グリ、以下ル・コルと略）。20世紀の建築史は、この異端の系譜を建築の主流と位置づけることによってヨーロッパの伝統を正当化しようとした。[25] ル・コルの業績については後述することにして、まずは本章でいうフランス建築史の正統な血脈をたどっておこう。

トニー・ガルニエの「産業都市」構想は本国で実現する機会も場所も少なく、第3共和政のもとで拡大した植民地に実験場をみいだした。そのため本国で建築家の系譜がとだえたようにみえるわけだ。20世紀の建築は都市計画と無縁ではありえない。個別の建築物の意匠にこだわるより、都市全体での公共建築と個人住宅の役割分担と連携強化に重きをおく。その結果として、19世紀のように伝統的な住空間を犠牲にして壮大な公共建築物を建てることにこだわるより、当該の土地で濃密な人間関係をはぐくんできた事情を考慮することになる。オスマン化は都市を革新するというより、むしろ都市の再生をはばむものとみなされる。それに代わって、既存の住宅の集合をいかしつつ、公共空間を有機的に再配置するというのが一般的な手法となる。

新型の都市計画が実現される場となったのが、ユベール・リヨテ元帥のもとで保護国として急速に近代化をなしとげたモロッコである（第十章を参照）。第1次世界大戦の序曲となった外交紛争（1904年のタンジール事件、1911年のアガディール事件）の舞台であり、フランスにとっては東隣のアルジェリアの権益をまもるための防波堤の役割をはたす領域だった。そうした国家目標は、1912年に駐箚《ちゅうさつ》官（レジダン・ジェネラル）に任命されたリヨテの目には逆にうつっていたようだ。リヨテからすれば、植民地アルジェリアは異民族統治の失敗例であり、まがりなりにもイスラム王朝をいただく保護国モロッコでは現地の事情が最優先で考慮されねばならない、ということになる。帝国主義の時代といっても、すでに20世紀に入ってから遅ればせにフランスの支配をうけいれたモロッコで都市計画を実施したのがアンリ・プロストである。リヨテによって同地にまねかれたかれは、フェズやマラケシュなどの古都、商業都市として発展いちじるしいカサブランカ、そして駐箚官官邸のおかれたラバトの都市計画にあたり、とくに古都の景観保全に大きな役割をはたした。

北アフリカとならぶ重要な植民地インドシナでも同様の動きがあった。この地で指導力を発揮したのがエルネスト・エブラール。サイゴンの都市再開発にあたるとともに本国での都市計画に関与し、やがて都市計画家（ユルバニスト）協会をたちあげた（1925年）。第2帝政期から植民地化が始まったインドシナには、すでに総督府や裁判所、学校や教会などの公共建築がフランス人の手で建てられていた。そうした「点」の支配を「面」に拡大し、住民をまきこんでの町づくりを実現するのが、20世紀の都市計画家たるの真骨頂である。[26]

以上のような経緯をしると、ル・コルの20世紀フランスでの業績はいかにも特殊である。かれは異邦人の目をもって、保守的で生まれた土地にしがみつくと想定されてきた（自分でもそうおもいこんでいる）庶民の根無し草の生活をみつめ、非定住志向を現代人の本性とみなした。建築の実作では、さらに人間の定住志向をつきはなす。アール・デコの発端としてしられる1925年のパリ装飾博覧会で発表した機能的な家具は、まだ生活の利便をうながす工夫ともいえるが、「放浪者の壁」（ミュラル・デ・ノマド）としての集合住宅は、巨大な刑務所と同じく集中管理しやすい環境を提供する。かれが設計したマルセイユの公共住宅（ユニテ）はそうした不幸にみまわれることはなかったが、戦前の左翼市長アンリ・セリエの発案になるパリ西郊シュレーヌの田園都市は、集合住宅として最悪の運命をたどる。ナチスの侵攻をうけてパリから狩りだされたユダヤ人の一時的な収容施設となり、第2次大戦後は対独協力者（コラボラトゥール）の刑務所にされたのだった。[27]

フランスの建築史を全体としてふりかえると、たとえば20世紀初頭に流行した田園都市構想にしても、イギリスにおこったそれとは異なり、土地に根ざした（バナキュラー）価値観を尊重したとはいいにくい。中世以来の伝統をほこる建築工房での修業なり建設現場での実習を必須とするからか、女性の建築家は皆無にちかい。いわば反自然を旨とする合理主義がその本質といえる。[28]とはいえ、自然保護や人口の再生産という課題に背をむけて人間の定住が保証されるわけもない。人工の構築物である建築も、どこかで自然なり土地なり人間性なりと妥協をせざるをえなくなる。様式建築の内側に目をむけると、イタリア・ルネサンス様式の宮殿の心地よさ、王朝的フランスが生んだロココの家具の繊細さ、19世紀ロマン主義による歴史的建造物の再評価と修復事業、さらには労働者向けに提案された戸建てや公共住宅の簡便な間取りなどには、政治支配の意志とか空間の合理的配置とかとは別の配慮がなされていることがわかる。伝統と合理性にくわえて、そうした生活への配慮をわすれず、自然と人間の営みを総合しようとするのが20世紀の都市計画である。上《かみ》ご一人の命令によってなしとげられるような性質のものではない。民衆不在の民主化路線とも違う。これまでオスマン化と同じ脈絡で公共空間の再配置がかたられてきたことが、フランス建築史の不幸といえよう。フランスのみならず、どこの国や地域でもみられる建築家と土木技師とのあいだの不和を、そのことは象徴しているのかもしれない。

第七章　閉じこめの論理

一　国家監獄

革命前の社会事業では、貧民救済と道徳改善、医療と懲罰が明確に区分されることは稀れである。救貧施設と拘禁施設が一体のものとして運営されるのが普通だった。それだけにフランスの懲治監獄体制は、きわめて複雑な経路をたどって現代にいたっている。専制君主による恣意的な運用が国民国家の法秩序におきかわり、それにともなって囚人の非人間的な扱いがあらためられ、人道的な配慮がなされるようになったというような単線的な進化の過程をたどったわけではない。[1] そこで、基本的な用語を確認するとともに、訳語にも前もっての配慮が必要となる。

英仏語に共通する「監獄」（プリゾン）は、フランス語でごく普通につかわれる「取る・奪う」（プランドル）という動詞の派生形であり、つまりは身柄の拘束を意味する。したがって監獄という言葉は、フランス革命をはさんだ前後の時代をつうじてもちいるのに不都合はない。それにたいして、もともと拘禁専用ではない建物が囚人を閉じこめる施設となり19世紀前半にいたったものにたいしては、牢獄の語がぴったりあてはまる。ちなみに、英国の公用語（ジェイル）と一致するフランス語（ジェオル）はラテン語起源の言葉で、籠（英語はケイジ、仏語はカージュとよんで綴りは同じ）という言葉と同根であり、閉じこめる場所のイメージにこだわった名辞ということになる。他方、１８３０年代に出現する近代型の閉じこめ施設が刑務所（ペニタンシエ）である。フランスの公用語では、懲治監獄（メゾン・ペニタンシエール）などと硬い言いかたをする。

監獄の歴史を通観するために、前近代的な牢屋と近代的な刑務所、それぞれの特徴をまとめておこう。牢獄は主として17世紀に起源をもつ各種の救済施設と病院と拘禁施設をかねあわせた建造物である。牢屋の象徴的な付属物である鉄の檻（フェール）と地下牢（カショ）は、たしかに非人道的で永遠の閉じこめを暗示している（図7a）。しかしながら、そもそも建物の構造からして、囚人の長期収監を前提とはしていない。それにたいして刑務所は文字どおり、囚人の拘禁を目的とした施設である。長期におよぶか短期ですむか、服役の期間は受刑者はもちろん、拘禁する側も前もってわからない。いずれにせよ、日常の生活の場所として、独房と作業場、それに運動場がそなえられている。ミシェル・フーコーの議論では、ここでいう牢屋と刑務所とが意図的に同一視されている。それだけに、まず両者を区別することが**身体刑**から**精神刑**へというフーコーの主張を再考するうえで重要な鍵となる。[2)]

図7a　ピラネージ画「牢獄」（18世紀半ば）

フーコーの問題提起にたいして歴史学界はがいして口をつぐんできたが、犯罪と監獄に関心をもった歴史家たちだけは積極的に対応した。たとえばフーコーの議論では革命期の混乱が無視されており、内面の規律化というシェーマばかりが前面にだされて、囚人の〈からだ〉の実態が無視されているという批判もなされた。[3)]

さて、フランス革命以降の公的救済と懲治監獄の体制の展開をみるには、その時どきの施設なり監獄なりが現実にどのような役割をはたしたか、という観点からの時期区分が必要となる。筆者は以前、この問題が紛糾した大革命から19世紀末までの時期を、１７９０年、１８２０年、１８５０年を起点として30年ごとに区分してみたことがある。[4)] 恣意的な操作であることは承知のうえで、それぞれの時期について、監獄改革にかかわる論争の内容を検討する。そうした手続によって、法の規定や行刑制度からではうかがいしることのできない、施設そのものの形態がしめす抑圧的な側面をさぐっておきたいからだ。

以下では１７８９年までの行刑制度をめぐる論争に火がついた時代、つまり監獄問題の前史を概括しておきたい。17世紀までの犯罪観では、犯罪者とは貧困や狂気をふくむ病気と同様に、神罰をうけた者に他ならなかった。精神障害者への治療行為からはじまった障害程度による区分と重症者の閉じこめの論理は、犯罪行為にたいする懲罰という世俗的な意味に転化することはなかった。ところが18世紀に入ると、機械論的な自然観に対応するかのように、感覚論（サンシュアリスム）的な立場から人間の身体が再発見される。感覚論の哲学は、人間の思考や感情は脳髄の分泌物によるとした。とすると、ねじ曲がった悪人の根性もたたきなおすことができるはずである。道徳の科学が懲罰の計量化と矯正の社会的有用性を宣伝したわけだ。

じつのところ、フランスにおける監獄制度の近代化の過程には、18世紀のなかば（罪科法定主義の適用）から19世紀のなかば（国内の港湾徒刑場の廃止）まで、革命をはさんで百年近い幅がある。1790年を始点として1880年ごろまで鬩《せめ》ぎあいがつづいた。国家監獄の制度が絶対王権の恣意性を象徴していることは確かだが、それは革命によって一掃されたわけではないだけに、監獄改革の遅々とした歩みを象徴することになった。まずは、あまたの収監者たちの批判文のなかから、弁護士で激越なジャーナリストとして同時代にしられたアンリ・ランゲの陳述を紹介しておこう。

> 一般にフランスにあるすべての城塞（レ・プラス・フォルト）は、いつでも意のままにバスチーユとなりうるものである。表向きは国家の敵を防ぐために建てられているこれらの城砦（ランパール）のうち、ひとつたりとも、大臣の気紛れにより随時国民の墓となりえないものはない。しかし、恒久的にこの特別な用途にあてられている城は二十ぐらいしかない。たとえば…。[5]（安斉和雄訳）

王城や貴族の邸館であった建物が、高い地位にある罪人のための牢獄として使用された。ルイ14世時代の鉄仮面（王の双子の兄弟とするなどの諸説あり）はヴォルテールやアレクサンドル・デュマ父《ペール》の想像力をかきたてたが、たしかに実在した人物である。[6] およそ四半世紀のあいだに、この謎の囚人は南東辺境の城砦ピニェロル（現イタリア領、ピエモンテ地方のピネロロ、大蔵卿フーケも収容されて当初は鉄仮面に擬せられた）には始まり、マルセイユ港外のイフ島（岩窟王モンテクリスト伯の物語の舞台となる）、コート・ダジュール沿岸のサント＝マルグリット島（1870年普仏戦争での敗戦の責任を問われた元帥アシール・バゼーヌが一時収容された）、そしてバスチーユと盥回しにされている。とはいえ、悪名高い「勅命逮捕状」（レットル・ド・カシェ）も、そのじつは権力者や富裕な家長の依頼によって、放蕩息子を拘留する場合などに発行される例が多かった。著名な経済学者の父たる侯爵の依頼によってパリ東郊のヴァンセンヌ城（ヴァロワ王朝の城で、現在は軍事博物館）やバスチーユに収監されたミラボー伯爵の例は、その最たるものである。

時代はさがるが、第2帝政をうちたてるルイ・ナポレオン・ボナパルトがまだ一介の陰謀家にすぎなかった1840年代に収容されたのが、北仏アムの国家監獄だった。かれはそこを学校とよび、たとえば社会主義者のルイ・ブランと面談もしている。いまは世界遺産に指定されているノルマンディー地方のモン・サン・ミシェルは中世の修道院だが、本土と隔絶した地勢とけわしい地形のせいで国家監獄に指定され、19世紀の革命家オーギュスト・ブランキが収容されたこともある。

絶対王政にせよ立憲体制にせよ、政治権力の恣意性を象徴する国家監獄の制度は、ルイ16世のもとでおこなわれた司法改革の一環として1781年にいったん廃止された。バスチーユもまた、革命前すでに政治犯の獄舎としては意味をうしなっていたことを銘記しておこう。旧体制の変革は急務となっていた。ランゲの陳述も、こうしめくくられている。

どこに行っても、食物に関する全権を握った長官がいる。鍵番の司令部があり、守備隊がおり、技官たちがいる。この費用は巨額に上り、そのため何人かの大臣は――就何ネッケルがそうだという話だが――改革をしてみようかという軽い気持を起したほどである。改革がいつか行われるとしても、他に動機は何もないというなら恥ずべき話であろう。イギリスの雄弁家の中でも、最も若く、最も弁舌さわやかな一人といわれる人が、数日前、この問題に関し、怒りをこめて言ったものだ。「節約のためにもバスチーユを廃止すべし」と。[7]（安斉和雄訳）

ジャック・ネッケルはスイス出身の銀行家でフランスの財務総監を2度にわたってつとめ、1789年の三部会召集をルイ16世にはたらきかけた。そのネッケルが国家監獄の改革をめざしたということは、それが絶対王政にとってさえ足枷になっていたことを、いみじくもしめしている。「イギリスの雄弁家の中でも、最も若く、最も弁舌さわやかな」人といえば、ナポレオンの野心をはばんだウィリアム・ピットのことだろう。この、いわゆる小ピットは若くして首相となり、対仏戦争を推進して莫大な戦費を都合しなければならなかったのだが、元はといえば「小さな政府」をめざす財政改革論者だった。いずれにせよ、一般名辞としてのバスチーユは消滅する運命にあった。ただ、それに代わって新たな収容所体制が構築されたことは、革命史の最大の皮肉といわざるをえない。

二　収容所都市パリ

ここではパリの監獄の門を、建てられた順にくぐっていくことにしよう。中世以来の拘禁施設は、パリ奉行所シャトレに付属する地下牢とパリ司教直属のフォール・レヴェクである。シャトレ（小さな城の意味）は古く12世紀にシテ島防備の砦としてセーヌ右岸の河岸近くにきずかれた。やがてパリ奉行所の建物にあてられ、首都と王国北中部の行政の中心となった（図7b）。この場所を実際におとずれたイギリス人の監獄改革論者ジョン・ハワードの報告にはこうある。

犯罪者には、一日につき、質のよいパン一ポンド半と若干のスープが与えられる。（中略）週に一回、1753年頃に設立された［慈善］協会から清潔な肌着が支給される。こういう制度ができたのは、フランス語でいうル・スコルヴュ、すなわち壊血病という伝染病が蔓延したためである。[8]（川北稔・森本真美訳）

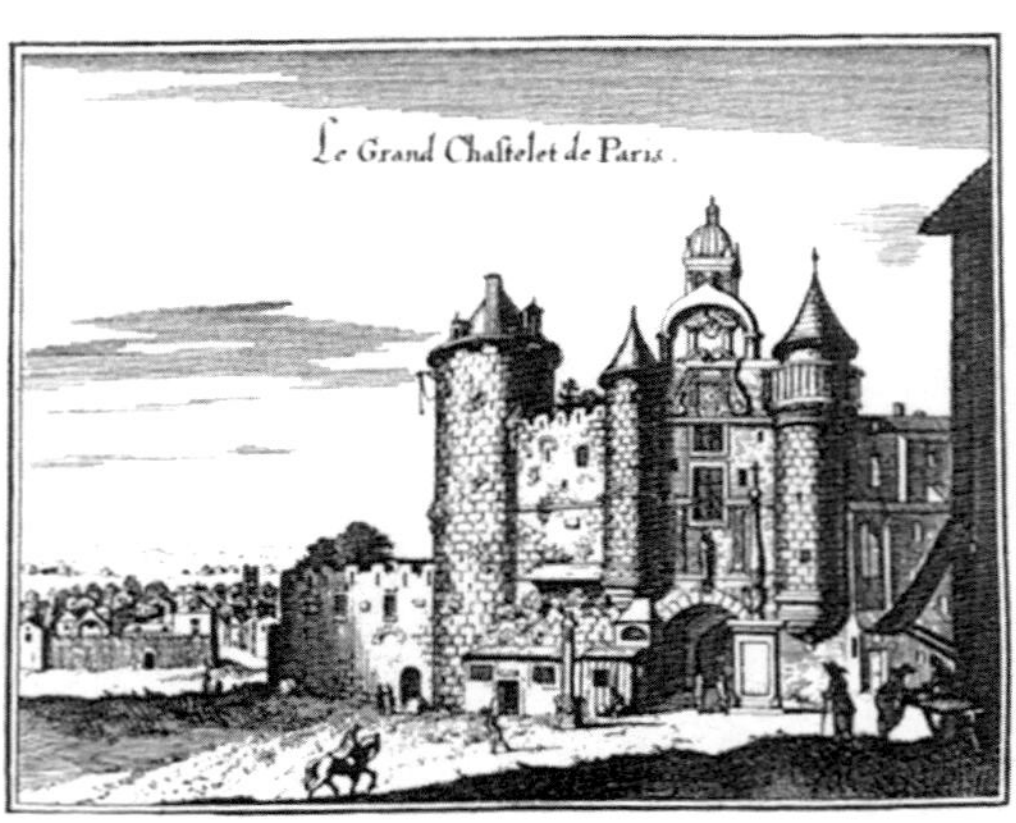

図7b　パリ奉行所（シャトレ）

ここに壊血病とあるが、それはビタミンC欠乏によるその特有の症状をさすとはかぎらず、イギリスでも監獄熱（ジェイル・フィーヴァー）とよばれておそれられた伝染性の熱病（猩紅熱やチフス）をふくめると解釈したほうがよいだろう。邦訳ではぶかれた但し書きには、シャトレが３７１人の囚人をかかえてパリ市中最大の収容力をほこっていたとある。それとは別に、１７８３年5月時点で、独立監房（地上監房）に47名、雑居監房（敷藁を使用）に２０９名、地下牢に16名、そして病室に33名、あわせて３０５名が収容されていたという記録ものこる。[9] シャトレは革命期まで裁判所と監獄として機能していたが、１８０２年から10年にかけて順次とりこわされた。パリ風俗をまめに観察したルイ・セバスチャン・メルシエは「地下牢は、あらゆる恐怖と、あらゆる人間の悲惨の集積所である」などと紹介している。[10] また、死体公示所（モルグ）が別に設置されるまでは、行き倒れや水死人もここにもちこまれたため、より陰惨な印象をあたえていた。[11]

フォール・レヴェックは、パリ司教（エヴェック）の管理下にある拘禁施設で、パン焼き竈（フール）や城塞（フォール）をおもわせる苛烈な言葉だが、じつは心からの（ダン・ソン・フォール・アンテリウール）贖罪をしめすという意味がある。建物自体は普通の町屋の一軒で、風俗紊乱のかどにより演劇関係者がほうりこまれることが多く、「役者（コメディアン）のバスチーユ」の異名があった。[12] 少なくとも14世紀末にはその名でしられる建物が存在し、長らく演劇界の目付役としての役割をにない、陰惨な地下牢でその名をとどろかせていた。しかし、表現の自由がすすんだ18世紀末には必要がなくなったせいか朽ちるにまかされ、先述のハワードがパリをおとずれたときには、すでに廃止されていた。

革命前後の時期を代表する監獄というとフォルス（ラ・フォルスというのが通り相場だが、以下ではフランス語の定冠詞をはぶく）が第一にあげられる。いかにも力（フォルス）ずくの拘禁施設にふさわしい名だが、元は自由主義者としてしられた貴族の家名からきている。財務総監の職についたばかりのネッケルが1782年にセーヌ右岸東部のマレ地区にあったラ・フォルス公爵邸を買いあげて新しいタイプの監獄に改造した。ここに初めて、服役者の性別や年齢による区分化や地下牢の廃止など、啓蒙思想家たちによって提起された改革案が一部にせよ実現されたことになる。1785年、隣接するラモワニョン館（現在はパリ市文書館）との境界地に女囚用のプチット・フォルス監獄が新設され（第4区パヴェ通りに壁だけのこる）、元の公爵邸は男囚用のグランド・フォルスとなった。旧体制の末期に施療院と牢屋の総監督官をつとめたのがジャン・コロンビエという元軍医である。かれはグランド・フォルスを本部とした。往時の囚人は、債務不履行者をのぞけば、看護費用をはらえない病人、売春婦、貧民収容所へおくられる前の浮浪者といった都市の下層民ばかりだった。[13] 刑事犯はグランド・フォルスには収容されず、徒刑場送りになるのが普通だった。

革命前にこそ、人道的な立場からの提言や合理的な収監体制の確立の必要の声が高かったのだが、革命の激化によって改革論議そのものが封殺されてしまう。1791年9月16日法は、地方裁判所管区ごとに留置所（メゾン・ダレ）と拘置所（メゾン・ド・ジュスティス）の設置をさだめた。しかし新規の建設がただちに実現できるわけがない。パリでは、旧来の未決犯収容施設であるフォルスはもとより、監獄と同様の拘禁機能をはたしていた施療院や女性救済施設に多数の犯罪者がおくりこまれた。中世における救護所（日本の駆け込み寺につうじる避難所アジール、あるいは至聖所サンクチュアリ）を直接の起源とする施設が、革命期およびそれ以降では拘禁の場とされたことに、象徴的な意味を感じる。キリスト教精神にもとづく救済施設が、反宗教的な感情にともなって懲罰の場に変身したのだった。[14]

グランド・フォルスは１７９２年１月の出火で大きな被害をだしたため、（立法議会下ジロンド派内閣の）内相ロランはマドロネット（次項参照）への移転を検討した。すでに革命の社会混乱に乗じた不当利得者や政治犯が多数収容されており、同年９月の虐殺では王妃の友人だったランバル公爵夫人をふくむ１７１名の犠牲者をだしている。この事件を機に移転計画は棚あげされ、ただ債務囚だけが後述するサント・ペラジーへうつされた。民衆蜂起によってバスチーユは破却されたのだが、破片は小さな模型として売りだされ、発案者はひと財産つくったという挿話がある。パリ市内にとびちったバスチーユの欠片《かけら》は、テルール下で旧体制にもまして非合理な牢獄の「反システム」をつくりだした。ルイ・ミシェル・ルペルチエ（・ド・サンファルゴー）は、貴族身分代表として三部会に選出されながら、のち急進派の先鋒として憲法制定議会や国民公会で熱弁をふるった人物である。かれは新しい監獄の体制を「市民的洗礼」と位置づけ、犯罪者の更正を本旨とするように提案した。教育論議においても、「自由は法への服従なしには存在しない」とのべている。[15] この時期には、革命自治体（コミューヌ）に結集した一般民衆の政治参加があって、政治権力の透明性が増したこともみのがせない。その結果として新旧のシステムが並存する懲罰装置のパッチ・ワークができあがった。みずからがうみだした装置に政治がふりまわされることになったのも皮肉といわざるをえない。

フランス革命は絶対王政の象徴とみなされたバスチーユ砦への攻撃からはじまったが、その後の展開のなかで、パリ市中が牢獄の巣のようになってしまう。革命期の法令がめざした社会の合理的編成とは裏腹に、１７９０年代のパリにはりめぐらされた監獄ネットワークの中核をなす拘禁施設を次に紹介しておこう。

アベイ監獄はセーヌ左岸に千年の歴史をきざんできたサン=ジェルマン=デ=プレ修道院に付属する拘置施設であり、同修道院の敷地の南東角をなす。絶対王政のもとでは非行兵士や上流市民層の債務囚人の収容所になっていた。革命勃発にさいしてアベイには、ヴェルサイユで民衆に発砲することを拒否した兵士たちが王命により投獄された。かれらをすくうために、１７８９年6月30日、バスチーユ攻撃に先駆けてこの監獄がおそわれる。ここでの待遇は他施設にくらべてはるかに良かったようだが、反革命容疑者を収容するようになると想定数以上の囚人をかかえることになった。結局は、92年の９月虐殺による無慈悲な人員整理に、その問題の解決をゆだねてしまったわけだ。[16]

アベイ監獄とならんでセーヌ左岸に位置し、やはり高い身分の宣誓忌避僧侶を収容していたカルム修道院もまた9月虐殺の舞台となった。その名は厳格な規律でしられたカルメル会に由来する。ヴォジラール通り（第6区）には、現在も革命当時の建物がそのまま保存されている。スペイン系のカトリック作家ジョルジュ・ベルナノスの『カルメル会修道女の対話』（1949年）は、この修道院に直接かかわるものではないが、連想の力をかりて革命と宗教の相克を問題にした。のちに曲がつけられて、20世紀を代表するオペラ作品となる。[17] 19世紀のアベイは未決の政治犯を多く収監した。そのなかには、立憲王政期の愛国詩人ピエール・ジャン・ド・ベランジェ、急進的な共和主義者として名のあったゴドフロワ・カヴェニャック、そして秘密結社の首領オーギュスト・ブランキやアルマン・バルベスらの名がみえる。このうちブランキとカヴェニャックは、ともに国民公会議員の息子で国王殺し（レジシッド）の汚名をきており、家族の伝統として共和主義をとなえたのだった。オーギュストは著名な経済学者アドルフ・ブランキの弟、ゴドフロワは第2共和政の行政長官ユージェーヌ・カヴェニャック将軍の兄にあたる。第2共和政期には医者でやはり秘密結社の首領であるフランソワ・ラスパイユや社会主義者のピエール・ジョゼフ・プルードンも一時収監されている。世紀後半ではコミューン派として逮捕されたアンリ・ロシュフォールや画家のギュスタヴ・クールベの名がみえる。第3共和政を代表する政治家ジョルジュ・クレマンソーも、急進派として拘禁された経験がある。さしあたり、閉じこめる側と閉じこめられる側の気質が類似していることを確認しておこう。

現在は上院の建物になっているリュクサンブール宮殿（第6区）も監獄として利用された。ルイ13世の幼時に摂政としてマリー・ド・メディシスが権力の絶頂にあったとき、セーヌ左岸の要地をしめるピネ=リュクサンブール公爵の邸館を購入した。前章でもふれたように、建築家ブロスが王妃の故郷フィレンツェのピッティ宮殿にならった新建築をその跡地につくり、庭園も整備した。革命直前に宮殿は王弟プロヴァンス公（のちのルイ18世）の所有になっており、かれが亡命したあとはうちすてられていた。テルミドール反動の直後、ロベスピエールとの関係の親密さが災いして、新古典派の画家ダヴィッドが収容されている。

コンシエルジュリーは、シテ島の先端部に造営されたカペー王朝の城の外郭の一部をなす。旧体制下には高等法院がおかれ、革命期には革命裁判所付属の監獄に転用された。本来は裁判にかけられているあいだだけの拘置施設なのだが、革命期にはおそらく身柄の奪還をおそれて、著名人が比較的長く収容されていた。革命以前の収容者として、王殺しの大逆罪に問われたフランソワ・ラヴァイヤック（アンリ4世の暗殺者）やロベール・フランソワ・ダミアン（ルイ15世の暗殺未遂犯、その処刑の残酷さは有名）、大盗賊のルイ・ドミニク・カルトゥーシュがいる。革命期では、寡婦になった王妃マリー=アントワネット、ルイ15世の愛人デュ・バリー夫人、天文学者でパリ市長のジャン=シルヴァン・バイイ、ロラン夫人を始めとするジロンド派の面めん、ジャコバン派の左右両派の呉越同舟（同囚！）でジャック・エベールとジョルジュ・ダントンらの名がみえる。ジロンド派に属する経済学者デュポン・ド・ヌムールはテルミドール反動にすくわれ、生きてコンシエルジュリーをでることができた。著名な政治犯以外にも貴賤とりまぜて収容者はきわめて多数にのぼっている。最低待遇の地下牢、10人余りで共有する自費監房、さらに3ないし4人を収容する共同部屋から、最高で家賃45リーヴルの個室まであり、家具なども、看守ならぬ管理人から借りることになっていた。

三　〈こころ〉の救済から〈からだ〉の拘束へ

前近代の監獄は救済施設や施療施設と不可分の関係にあったから、現代の総合病院の原型ともいえるそれらについてふれておきたい。まず救済施設を包括するアジール（英語ではアサイラム）という言葉がある。前近代のフランスでは施療施設と同義であると同時に、男性中心社会の圧迫からのがれることをのぞんだ女性、そして家族から見はなされた子供、つまりは社会的弱者のためのものとなった。19世紀に入り、監獄と病院の輪郭が明確になるのにしたがって、アジールは精神病院とか保育所とかの範疇におしこめられていく。未成年向けという趣旨から、19世紀半ばには現代でいう感化院の原型である農業コロニーや矯正コロニーの意味にかぎられる。

監獄と刑務所と似た関係が、施療施設と病院にある。絶対王政期の施療院（オピタル、英語のホスピタルと同じ）、病気の治療よりも病人の精神面のケアに重きをおく点では、現在でいう療養所（英語のホスピス）に近い。ところが規模としては、現在の基準にてらしてもはるかに大きなものが多かった。とりわけ1

６５７年にはじまる「一般施療院」（単数形でオピタル・ジェネラル）体制にあっては、浮浪者と貧民の強制収容所としての意味が強化された。まぎらわしいのだが、この一般施療院と同じ言い回しが19世紀に総合病院の意味をもつようになる。貧民対策はやがて貧民救済所（デポ・ド・マンディシテ）にゆだねられる。いずれにせよ旧体制下での施療院は民衆を保護すると同時に隔離する施設であり、精神病棟や留置所の機能をかねそなえたものだった。しかし前近代にあっても、大革命が近づくにつれて医療専門職が自立の度合を高めていく。それにより、おのおのの施療院がしだいに専門病院、養老院、女性の矯正施設、あるいは孤児院としての機能を特化させていく。[18]

　最終的に病院と施療院が分離されたのは、ナポレオンが権力をにぎったあとの１８０１年のことである。しかし、施療院が今日的な意味での病院となるには、なお半世紀あまりの時間が必要だった。病院が世間の信頼をえるには、疫病の蔓延に対処して公衆衛生が実際に効果をあげ、清潔の観念が世人に定着する19世紀なかばをまたねばならない。それまでは病院ならぬ施療院は前世紀からの印象をひきずっており、病気をなおすというよりむしろ病者を死へといざなう場所とみなされていた。あるいは、怠惰と貧困にさいなま

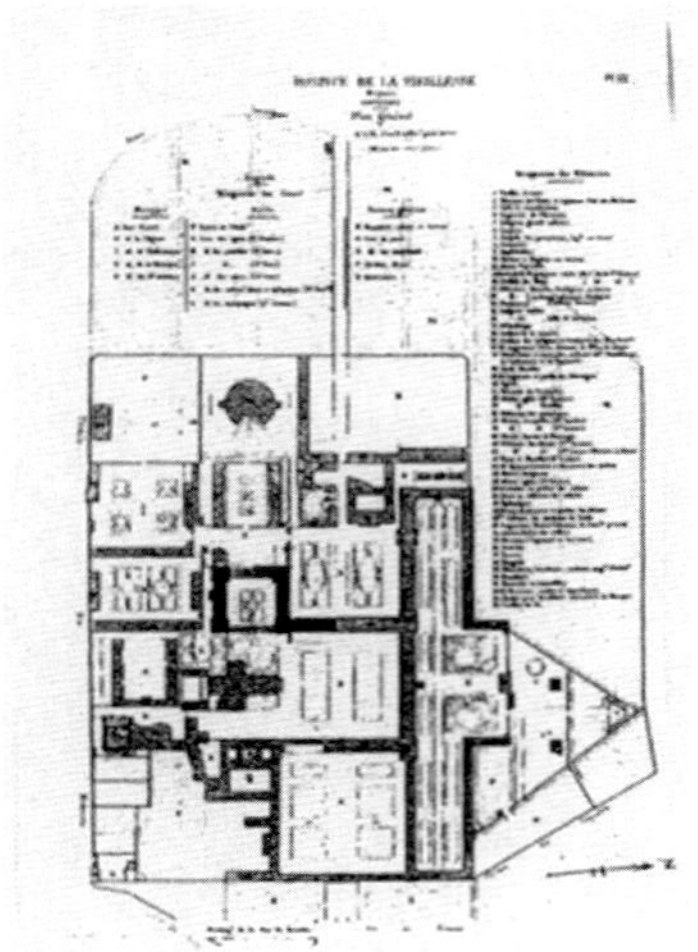

図7c　ビセートル
中央部の黒塗り部分が監獄

れた収容者の姿からして、せいぜいが社会の落伍者の収容所とかんがえられていた。

パリ南郊にあったビセートルは貧民救済を主眼とするとりわけ巨大な建物だった（図7c）。そこには精神に障害のある者を収容するための特別の拘禁施設がそなえられていた。革命勃発直後にパリ市当局の命令によってビセートルを調査した博物学者アントワーヌ・ローラン・ド・ジュシウは、旧態依然たる組織を抜本的にあらためる必要があると提言した。１７９０年４月の時点では、３千９百余名の収容者中に、４２２名の囚人がふくまれていた。開明派の貴族リアンクールが指揮する憲法制定議会のマンディシテ（貧困）撲滅委員会は、１７９０年にジャック＝ギヨーム・トゥレとルクレール師の２委員をビセートルにおくり、現状を調査させた。[19] その報告をうけた議会は、ビセートル、サルペトリエール、シャラントン、オテル＝ディウの各病院に分散していた精神病患者を専門病院にあつめるよう議決した。ビセートルは貧民救済の任務に専念するようになり、19世紀には男性の老人福祉施設として位置づけられ、第2次大戦直前まで存続する。[20]

セーヌ左岸のロピタル大通り（第13区）に位置するサルペトリエールは、曲折をへながら、第2次大戦後の比較的最近まで精神病治療の一大センターとみなされてきた（図7c-bis）。１６５６年にルイ14世は火薬製造工場（これが名の由来となっ

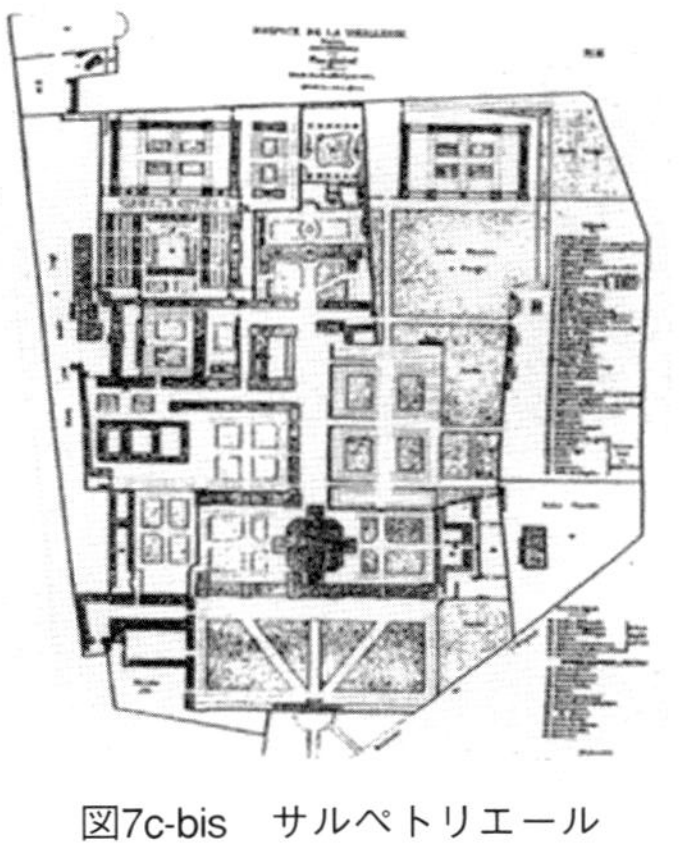

図7c-bis　サルペトリエール

た）の跡地に、もっぱら女性の病気治療と女性貧民の救済をかねた施設を建設した。当時の大建築のほとんどを手がけたル・ヴォーの設計施工になる。１６８４年に女子専用病院兼監獄が併設され、こちらのほうは１７９４年までつづいた。サルペトリエールには１７９０年４月の段階での収容者６千７百余名中に、５百ないし６百名の売春婦と３５０名の精神病患者がいた。女性用という表看板にそむいて、なかには夫婦者もまじっていたという。精神病学に多大の貢献をすることになるフィリップ・ピネルはビセートルで２年間はたらいたあと、１７９５年にサルペトリエールの管理をゆだねられた。精神病者の「鎖からの解放」は近代医学をささえる人道神話のひとつとなったが、真偽のほどは確かではない。19世紀前半にはピネルの助手だったジャン・ドミニク・エスキロル、後半にはシャルコーといった精神医学者が出て、その名はさらに高まった[21]（第五章、第八章を参照）。

タンプルは中世の聖堂騎士団の本拠地としてさかえたが、王権によって弾圧され、のち聖ヨハネ修道会に委託されて、さまざまな特権があたえられた。その規定のなかには債務者の駆けこみ寺としての規定もある。革命期には特権をうばわれたが、１７９２年８月のチュイルリ宮殿攻撃の結果、革命自治体の命令によって国王一家がその敷地内の大塔にうつされてきた。革命史の舞台となったことによって、王家の人びとの生活ぶりや内部のこまかな描写もつたえられている。テルミドール反動の時期には、王家の生き残りである皇太子と王女以外に、あいかわらず債務者も20人余り収容されていた。

サント・ペラジーとマドロネットは、ともに17世紀に篤志家の女性が設立した女性のための救済施設である。サント・ペラジーはセーヌ左岸のクレフ通り（第5区）にあった。1797年からは革命自治体（コミューヌ）の命令によって、一般の刑事犯と区分された債務不履行者（1834年まで）と少年（1831年まで）がここに収容されている。革命期の著名な政治犯の収容者では、コンシエルジュリーにうつされる前のロラン夫人、詩人のアンドレ・シェニエ（恐怖政治最後の犠牲者）、国家「ラ・マルセイエーズ」の作曲家クロード・ルージェ・ド・リール（本心は穏健な王党派だった）らがいる。

マドロネットのほうは創設後間もなく修道院とされ、簡素な間取りが近代的な監獄につうじるものがあった。革命勃発後にフォルスからの移転計画がたてられ、収容人員2百名の監獄になる予定だったが、新規の獄舎が建設される暇もないうちに恐怖政治の犠牲者を多数うけいれる羽目になる。無名の建築家マリアヴァル某が獄内にたたずむ様子をつたえたパンフレットがのこっている。著名な建築家ルドゥーも一時この施設に収監されていた。ナポレオンが皇帝の位についた1804年に、身体の障害と困窮にもめげず自費出版した建築書のなかで、かれは次のように恐怖の体験を語っている。

わたしは自分の名を呼ぶ声に心みだされた。断頭台の刃がまきあげられ、ルドゥーとよばわる声。しかし好運の星はわたしにつげた、それは同名のソルボンヌの博士であると。哀れなことを……。私は執筆をつづける。[22)]

料理人と同じように建築家は王侯につかえる立場だっただけに、革命自治体の敵視するところだったようだ。現在もセーヌ右岸の古い町並みフォンテーヌ・デュ・タンプル通り（第3区）に、かつての建物の外壁をみることができる。

第八章　パンデミーの時代

一　身体史の時代区分

歴史の発展段階説は、近代における物質的繁栄を前提とする歴史観と一体のものである。伝染病の歴史は、そうした惰性的な思考法をみなおす契機をあたえてくれる。重大な影響を生物の〈からだ〉におよぼし、〈からだ〉そのものの構成を大きく変えたのが微生物や病原菌である。その生物がまだ人間とよべないような存在だったとき、たとえば消化器系で菌類との共生の仕組ができた。歴史時代にはいってからの伝染性の病気は、それ自体が時代を区分する大きな原因ともなる。

天然痘は古代ギリシアと中国の古い歴史書にその病変の特徴がこまかく記述され、ユーラシア大陸の両端に深い爪痕をのこしたことが確認される。紀元前5世紀に古代ギリシアのポリス世界は最盛期をむかえたが、すでにその時点で没落の契機をはらんでいた。アテネとスパルタの覇権争いに端を発するペロポネソス戦争で、籠城作戦をとったアテネの執政ペリクレスは天然痘が原因となって命をうしなっている。[1] 18世紀末にイギリスのエドワード・ジェンナーによって種痘が開発されるまで、人類にとって最も長期にわたって脅威となった伝染病が天然痘である。その病原菌は第2次大戦後に急速におとろえ、1980年には世界保健機構（WHO）によって終息宣言がだされた。しかしながら、それで本当に伝染病の脅威はさったのだろうか。

14世紀のヨーロッパに大流行したペストは、前世紀にモンゴル族が建設したユーラシア大の帝国が原因になったとする説がある。クマネズミを中間宿主とするペストは、ネズミとともにステップ地帯を東から西に移動したのだとか。[2] ただし、こうした説は後世のコレラの伝播を説明する論理と同じく、伝染性の病気のアジア起源をほのめかすものだから注意しなければならない。風土病をさす英語はエンデミー、それにたいして伝染病をエピデミーという。世界的に流行した伝染病にはパンデミーという言葉があてられる。エピデミーがパンデミー化するのは、世界が同じ経済・社会システムにそまるからである。ベンガル地方の風土病だったコレラがイギリスによるインド支配の進展もあずかって流行病となり、19世紀前半いっきょに世界に拡大する。病原菌をつきとめればそれで伝染病の歴史に終止符がうたれるわけではない。システムの変調が伝染病の拡大をうながすことに気づけば、アジアではなくヨーロッパ社会の変容にこそ着目すべきなのだ。ここまでがヨーロッパ身体史と伝染病との関連の、いわば前史にあたる。

フランス革命に幕をおろした英雄ナポレオンは、民主的な手続きと王朝的な作法を合体させた専制体制（ボナパルチスム）をしいた。かれがペスト患者を見舞う場面を描いた絵がのこされている。[3] さりげない振舞のなかで、かつての国王の神権的な性格を革命後の社会に復活させたといえる。近代の国民国家は19世紀においてなお、「野蛮」の表象たる伝染病におびやかされていた。１８３０年代のコレラ大流行はヨーロッパ大陸を震撼させた。[4] ドイツでは観念論哲学の大成者フリードリヒ・ヘーゲル、『戦争論』

をあらわした軍略家カール・フォン・クラウゼヴィッツ、フランスでは熱力学の第2法則の発見者としてしられるサディ・カルノー、そして時の首相カジミール・ペリエらがなくなっている。ペリエの場合は、いやいやながら国王ルイ=フィリップに随行して患者を見舞ったせいだった。いやしくも西欧「文明」をさらに前進させるはずの学者や政治家が、前近代の習いである貧者や病者への気遣いにわずらわされて落命するというのは皮肉な現象である。新時代のエリート層にとって、たえがたい旧習だったに違いない。

19世紀の前半には、多孔質の皮膚という中世末期以来の観念が、ふたたび頭をもたげた。かつてのペストや梅毒にかわって、コレラが身体の境界線を意識させる悪疫として認知された。悪疫退散をねがう護符や祈祷、硝煙や焚火の煙といった旧習にくわえて、漂白材や石炭酸などの新顔が登場した。理屈もわからないまま、強い臭いや煙によって空気を浄化しようとしたのだ。数千年来、人びとは入れ墨、皮膚の切開、ボディ・ペインティングなどをほどこして、〈からだ〉への悪疫の侵入をふせごうとした。そうした風習は不確かな境界線としての皮膚を強化するものだった。コレラ菌が発見される以前はもちろんのこと、その以後においてさえ、漠然とした恐怖感をぬぐいきれないでいる。水によって媒介されるこの伝染病をふせぐために、スラム全体に網をかけて健全な社会から隔離するということがおこなわれた。この、いわゆる「衛生警察」体制が身体の近代史の一方の極をなす。[5)]

健康観と病気観とが表裏の関係にあるのは、昔も今も変わらない。古代ギリシアの全盛期に出て、のちに医聖とうたわれたヒッポクラテス以来の健康観というのが、身体を構成する四つの体液、血液・粘液・黄胆汁・黒胆汁のバランスがたもたれているという考え方である。おのおのの体液の過剰によって、多血質・粘液質・胆汁質・憂鬱質という四つの気質が生じ、それぞれが黄道十二宮の星辰の働きに感応しているとされた。[6] 4体液のうちの憂鬱質は、もとは無気力をまねきがちの動きのにぶい性質だった。それが、19世紀初めのころの身体観の展開も影響して、青年期に特有の気質と見なされるようになる。

体液バランスを重視する立場が液体病理学説である。たとえば虚弱体質（カコシミー）という、いまでも欧米語で日常的につかわれる言葉がある。これは体液がとどこおって変成するという意味のギリシア語からきている。体液と黄道十二宮の星辰の働きによって、健康の維持や病気への対応がはかられた（図8a）。発熱や悪寒などとしてあらわれる身体反応を抑制するためには、体液を放出すればよいはず。体液といっても実際にあつかえるのは血液だけだから、前近代の病気の治療法はもっぱら放血にたよった。瀉血、あるいは刺絡という漢字もあるほどで、血をぬく治療法は長らく東洋医学でもおこなわれてきた。

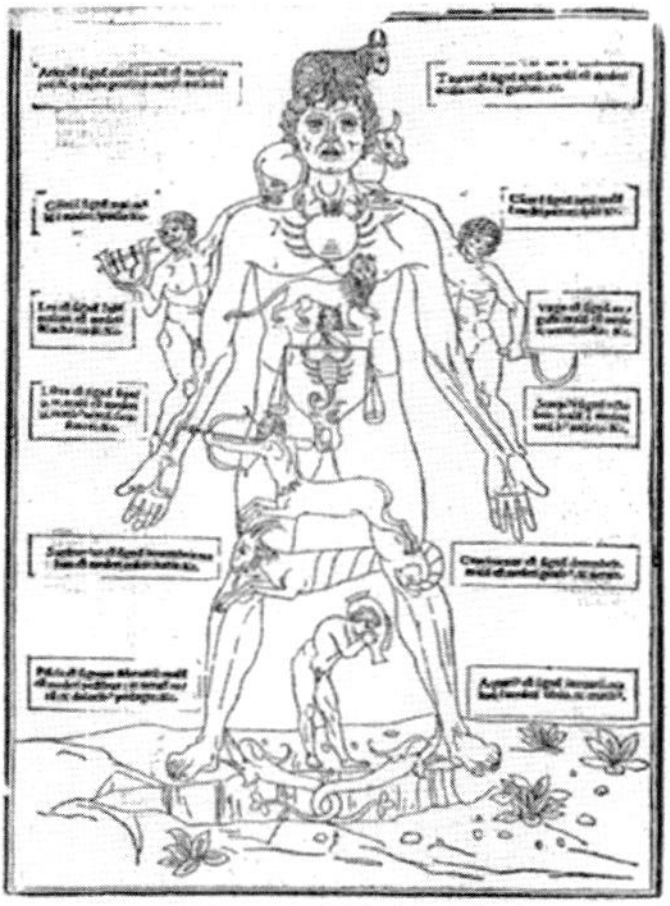

図8a　黄道十二宮人
（イタリア、15世紀末）

いずれにせよ、健康を自覚するのは病気にかかってから。腹をこわして初めて胃の位置を知るのが一般人の常である。身体のバランスとか、栄養のバランスとかいう言葉に反映されているように、突出した要素があれば全体が不都合な方向にひきずられていく。まさに、過ぎたるは及ばざるがごとし。時間の流れのなかにおかれ、それ自体が流体ともみなされる身体を、そのまま出来事の推移にまかせてしまうのも生き方のひとつではあるだろう。

流れのままにといっても、そうはいかないのが近代社会の窮屈さ。近代人は病気とか、まして死のことを思う暇もあたえられないまま、健康であることを強要される。ここでは、啓蒙思想の一環として誕生した身体の科学、すなわち生理学こそが、近代性と非合理性をごっちゃにして、身体をめぐる議論を混乱させているということを確認しておきたい。もちろんこの混乱は、19世紀末から20世紀初めにかけて、しだいに克服されていくのだが。それとともに身体の近代史も終末期をむかえる。科学の名において身体は客体化され、正邪の観念などから解放される。同時にそれは、身体の歴史性がはぎとられる過程でもある。そこで次に、身体と生命の意味を考えるさいにつきまとう、曖昧な境界といったことにふれよう。

二　身体の境界線

中世以来パリ大学医学部と覇をきそってきたのが、南フランスにあるモンペリエ大学である。競争相手であるパリ大学の教授たちのように神学の規制をうけることが少なかったモンペリエ学派は、18世紀に生理学的知見を大いに拡大させた。たとえば、19世紀に実証された内分泌の観念を先取りしていたともいわれる。また、同学派の人びとは外科的実践をとおして病理学にもつうじており、こんにち「医学的囲いこみ」の端緒として重要視されている疾病分類を完成させている。[7] まだ遠巻きにしているだけとはいえ、こうして病気を対象化する手だてがあみだされていった。

他方では、啓蒙思想の主軸といえる哲学の分野で、18世紀に感覚論が盛んになった。その開祖エチエンヌ・ボノー・ド・コンディヤックは、初めこそイギリス経験哲学を代表するジョン・ロックの悟性論から出発したのだが、感覚機能のとらえ方をとおして独自の感覚論の哲学をうちたてた。コンディヤックの流れをくむ思想家たちは、理性や思考さえ身体機能の現われとする、きわめて急進的な思想を展開したものだ。[8] たとえば、人間にある考えがひらめいたということは、現代ふうにいうならホルモンのように、頭のなかで思考の元になる物質が分泌されたとかんがえたのだ。

フランス革命が勃発する直前の１７８０年代に流行した磁気術（マニェチスム、あるいはメスメリスム）は、生理学と感覚論がたがやした土壌に咲いた仇花といえる（図8b）。ウィーンからやって来てパリの社交界でもてはやされたフランツ・アントン・メスマ

図8b　メスメリスムの流行

ーは、流体としての自然や身体の気を感じることができたという。サロンにつどった上流階級の女性たちは、不定愁訴をいやすために磁気術の治療に殺到して物議をかもした。[9] メスマーがふるいたたせたのは貴婦人たちばかりではなかった。行きづまりをみせていた旧体制の社会をも磁気化（仏語でマニェチゼ、英語ならマグネタイズ）したのだ。のちに革命の大立て者となる、医者でジャーナリストのジャン・ポール・マラーや、新進の弁護士だったジャック・ピエール・ブリソらは、この機会をとらえて政治改革をうながそうとした。現代の観点からしても、メスマーの教説はいんちき治療の域にとどめおかれるものではない。なぜなら、人間の情動（パトス）を初めて一般の人びとの目にふれる形でしめしたのだから。ところが、同時代の天文学者バイイや化学者アントワーヌ・ローラン・ラヴォワジエといった科学アカデミーのおもな会員たちは、結局これを非科学的と断定したのだった。

革命による医学の近代化の一環として、「狂人の鎖からの解放」という神話が語りつがれてきた。その立て役者であり、あたかも近代における精神医学界の守護聖人としてあがめられてきたのが、前章でもふれたピネルである。かれが近代的な精神医療を開始したといわれるが、わずかに先立つ磁気術の流行が精神科の独立をうながしたともいっても過言ではない。[10] 19世紀後半の神経病学者シャルコーによるヒステリー患者の症例研究も、具体的な身体に病気の表象を見ながら、心の葛藤のうちに真の病因をもとめている。こちらは硬直症（カタレプシー）の女性たちをあつめて、しばしば公開講義を実施した。あらかじめ定められた時間内に、「シャルコーの女患者たち」はそれぞれに特異な症状を観衆に披露したという。のちのフロイト学説にみられる「転移」と「逆転移」として説明できる現象である。身体の本義を流体と見なして、外面だけでなりたつのではない人間の隠された自意識を明るみに出したのが、フランスのナンシー学派の夢判断であり、そこで学んだオーストリアのシグムント・フロイトによって20世紀の精神分析理論が生み出されたのである。[11]

フランス革命期に話をもどそう。医学アカデミーや大学医学部は、革命期に特権の一翼をになう存在として非難され、いったん廃止された。その瓦礫のなかから立ちあがったのが、クサヴィエ・ビシャを先頭とする病理解剖学者たちである。中世以来の、外科にたいする内科の優位もうしなわれた。これ以降、「パリ病院医学」の時代といわれる、フランス医学の黄金時代が現出する。[12]他方では、王立植物園（ジャルダン・デ・プラント）を中心に活動していた博物学者たちの系譜も華麗な展開をみせた。エチエンヌ・ジョフロワ・サン＝チレールは、その中心にあって重きをなした。革命によって王立という言葉ははずされたが、植物園は総合的な研究機関として再編され、たとえば「用不用説」で知られるラマルクらの人材を輩出している。[13]比較解剖学をまなんだジョルジュ・キュヴィエの古生物学上の貢献も脚光をあびたものだ。

19世紀的な意味での科学は、17世紀以来の力学的観念の延長上にあって、実証的な方法を旨としている。ところが20世紀に入ると、相対性理論や量子力学を筆頭にして、物質と物質の関係だけではわりきれない物理学上の難問が学者たちの頭をなやませた。人間性の理解も、ほぼ天文学や物理学の展開と同じ道をたどった。つまり、啓蒙思想からフランス革命までの時期を頂点として、人間の生と死は画然と区別されるべきとされた。啓蒙期以前の社会では、もっぱら宗教的信条によって現実の生を軽んじる見方が一般的だった。ところが、市民革命と工業化の影響が世界をおおうとともに、生きること、生産することだけに意味があるということになり、死霊や敬虔な祈りは日常生活からおいはらわれてしまう。これが身体の具体化はここにきわまり、観念論哲学の隆盛ぶりとは逆に精神の作用はかろんじられた。これが近代の身体史の黎明期を特徴づける、きわめてラディカルな精神である。

ところが、身体と精神の微妙な関係は、そこまで単純にわりきることのできるものではない。たとえば心気症、すなわち気で病む病がある。[14] ギリシア以来の病気観からくる気鬱（ヒポコンドリア）で、その語源は上腹部を意味する。そこに生命現象の根源、あるいはガッツ（やはり内臓の意味）の元があるとしんじられた。これは伝統的に、女の病気としてのヒステリー（こちらは子宮）と対置されて、男がかかりやすい病気とされた。精神の病は身体に症状をあらわして、初めて認識されるということもかんがえなくてはいけない。精神と身体の境界線は、つきつめればつきつめるほど曖昧になる。脳死の問題で議論をよんだ生と死の境界線も、またしかり。近代社会におこなわれてきたさまざまな価値感は、具体的なようでいて、けっして明確な目標を達成できたわけではない。立身出世、蓄財、あるいは栄誉というものは、それを各個人に配分する主体がはっきりしないだけに、かならずといっていいほどマイナスの評価をひきずってしまう。

身体の評価についても同様である。生身の〈からだ〉をささえている歴史的な意味あいを無理矢理ひきはがして、身体の局部に過剰な光をあてる。それが近代という時代なのだ。全体的な意味とか各部位のあいだのバランスとかは、前近代におけるよりも軽視されるか、まったく無視されてしまった。**身体史の絶頂期におけるマテリアリズム、あるいは科学万能の精神として総括できる。**

その結果、競争馬よろしく脚部に致命的な欠陥をもつランナーや、真剣勝負を期待されて死ぬまで殴りあうボクサーが誕生する。このランナーは走ることだけを目的とするために、脚部の障害が〈からだ〉全体の死につながってしまう。ボクサーは相手の身体を直接に攻撃するからこそ、逆に殴り殺されても文句はいえない。人道主義や民主主義のお題目は、たたかう身体の意味づけにかんするかぎり通用しない。このような蛮風が、近代の生を活性化してきた事実を忘れてはならない。近代的身体を具体化するには、古代と同様に生贄が必要だった。**身体史の終末期はニヒリズムに帰着し、20世紀の二度の世界戦争において大量虐殺（ホロコースト）をもたらした。**

三　パストゥール化

話題を転じて、フランスを代表する医科学者としてのルイ・パストゥールの生涯に注目してみよう。[15]パストゥールといえば医学の発展に貢献した医者というイメージがあるだろうが、本業は生理学であり、稀代の大山師としての一面ももっていた。最近ではパストゥール研究所の研究員が、感染症の時代の再来を象徴するエイズ（AIDS＝免疫不全性症候群、フランス語ではSIDAとなる）のウィルスを発見したことが話題になった。パストゥールの名は医学の歴史に燦然とかがやいている。ところが当のご本尊は、それこそブドウやクワ（絹織物業に不可欠）の病害研究からビールの醸造まで、フランス人の日常生活に密着した分野における実践的な改革者であり、またみずから事業にのり出したほどの企業家精神の持ち主だった。かれが開発してうりだしたビールの名を「愛国ビール」という。[16]

国民主義者（ナショナリスト）の範疇には、冷徹な国家主義者（エタチスト）から偏狭な排外主義者（ショーヴィニスト）まで、いろいろな型がふくまれるが、いずれもフランス語が元になっている。普仏戦争の敗北によってドイツにたいする復讐の念にもえた19世紀末のフランスにあって、パストゥールは政治的信条としては不偏不党だったといえる。とはいえ、熱しやすく冷めやすい庶民の前で、意識して愛国主義者としてふるまっていた節もある。

実学でとおしたから研究者として一流とはいえない、などと野暮なことをいうつもりはない。ただ、パストゥールは徹底的に試験してみて結果を判定するという実験的な手法を重んじた人である。[17] 目にみえない微生物の存在を間接

図8c　ロベール・トム画
「パストゥール」

的に実証した「白鳥のフラスコ」はあまりにも有名だが（図8c）、人柄がしのばれるのは公開実験の手続きである。たとえば、ヒツジの伝染病（羊痘）を研究したとき、かれは病気にかかっている群れをふたつに分けた。一方には今でいう血清療法をほどこし、他方はそのままにして、一定期間をおいてから農家の人びとの前で結果を発表する。結果は上首尾におわる。それもそのはず、実験で治癒したほうのヒツジの病状は、それほどひどいものではなかった。しかも、治療の効果がおもわしくない個体を事前にとりのけてあった可能性すらある。目的を達成するためには手段をえらばなかった。そんなわけで政界や学界の主流からは疑いの目をむけられつづけたのだった。

フランス革命がおこる前から、フランスの学界・産業界では化学が重視されていた。当時の化学界を代表してアカデミー・フランセーズ会員となったマルスラン・ベルトロは、しばしば閣僚にも就任した政界の大物である。パストゥールにとって厄介なことに、そのベルトロは独自の生気論（ヴィタリスム、身体史黎明期のラディカリズムの根本原理をなす）を信奉しており、生命現象の根源に切りこむことには反対の立場をとっていた。[18] もともとあいいれなかった革命精神と宗教心は、19世紀をつうじてたがいの領域をおかさないと約束したのだ。また、『実験医学序説』でしられる生理学者クロード・ベルナールは、パストゥールの山師的性格をきらっていた。フランスを代表する生理学者二人の交渉はほとんどなかったという。ベルナールの死後、パストゥールはその業績を遠回しに非難することさえあった。[19]

学界や宗教界を相手の戦いだけでなく、金銭面でもパストゥールは苦闘した。国家と国民を愛したにもかかわらず、かれはあくまで個人としての立場から、根深い社会の迷妄や伝統と格闘しつづける。「私に研究所をあたえてくれたら世界を救えるのに！」とは、そんな孤独な戦いぶりを象徴する言葉である。肉汁をためた「白鳥のフラスコ」は、たしかに生物の自然発生説を否定した。その一事をもってしても、パストゥールの科学史上の貢献は偉大である。しかし、その思考法と行動様式は、明らかに同時代のフランス自然科学界の主流とは異なるものだった。20世紀の後半には、牛乳の保存法ひとつをとってもさらなる効率化が目指され、高熱で短時間に（摂氏130度の熱風に15秒あてるといった具合に）処理されるようになる。これでは味も素っ気もない。昔ながらの風味を売り物にした牛乳は、パストゥールの方法にたちかえって、比較的低い温度で時間をかけて処理される（摂氏70度のお湯に30分つける）。これが狭い意味でのパストゥール化（パスチャライゼーション）である。

「微生物の狩人」としてパストゥールの手ごわい競争相手となったロベルト・コッホは、プロイセン国家の支援以外に、ドイツ化学工業界のめざましい発展を当てにすることができた。独自に開発した培地にうえた菌種を検体とし、ありとあらゆる試薬でそめわけたのだった。[20] コッホがうちたてた病原菌特定の3原則は、パストゥールの2群観察法にくらべるとはるかに厳密で、現在のウィルス感染にも応用されているほど。まずは原因菌の特定（病変からつねに限定された菌がみつかること）と次に再現（培養した菌が動物実験で病気の症状を呈すること）。ここまでだけもいいようにおもうのだが、さらに念押しして再特定（実験動物から当の菌がみつかること）を第3の原則とした。広い意味でのパストゥール化とは、たとえば食品工業で、人が口にする製品そのものや瓶・缶などの容器を完全滅菌する過程のことをさす。その過程をへれば細菌などは存在しようがない。とはいえ、あらたな疑問もうまれる。滅菌された社会のなかで、はたして人間もこれまでと同じように生きていけるのだろうか。

コッホの業績に対抗するため、元祖としての自負もあってパストゥールはいろいろな伝染性の病気にたちむかった。たとえばコレラ菌発見につながる1883年のエジプトでの流行時には助手を現地に派遣したが、目だった業績はあげられなかった。結局のところ、自分では狂犬病と炭阻病以外にさしたる対策を確立していない。パストゥールのほうは政界と産業界の総力をあげた援助などは期待できなかった。どの国でも同じようだが、基礎系の研究者たちは外国からの声望が逆輸入されないかぎり、国内での社会的な地位は低いままとめおかれる。ましてやパストゥールの存命中、その成果は社会各層からこぞって歓迎されたわけではなく、毀誉褒貶なかばするといったところ。パストゥールにたいする同時代の評価のなかでかんばしくないものをひろっていけば、その非難がましい言葉の背後に、おのずとフランス社会のかかえていた問題が透《す》けてみえてくる。神の事業であるべき事柄を人間の手にゆだねようとする、そもそも近代化の原点において、あるいは本章でいう身体の近代史の全期間をつうじて、フランスの国論は分裂したままだった。

理性を重んずる国フランスにおいて、しばしば反知的、前近代的な運動が勢いをえるのにはそれなりの背景がある。神の権威によりかかっていたのは、たんに聖職者や貴族といった旧支配層だけではない。

資本主義市場経済の進展によってプロレタリア化した庶民も、神の恩寵にすがるしかなかった。経済の後退期に、炊き出しや無賃宿にたよらざるをえない貧農や庶民が多数発生することは、支配階級の恐怖の的だった。彼らの住居がコレラの温床になりやすいという事実もあっただろう。現代の極右政党である国民戦線（FN）は極端な例だが、政治的主張としての伝統主義だけでなく、庶民の生活事情につうじた為政者のなかにも、保守と革新とを問わず、合理的な社会改革に非をとなえる者があいついだ。

パストゥールは骨の髄から中産階級の倫理観を体現した人だったから、己の業績をふりかえる余裕もなく一生をおえた。しかも、その働きぶりは合理主義者のそれではなく、紆余曲折にみちたものだった。ある意味で、かれは神とともにある社会、いいかえれば病原菌と共生する社会を生きていたのだ。いまのこるパストゥール化という言葉の運命が端的にしめしているように、20世紀において否定された温和な方法を推奨してもいた。神の存在と同時に絶対的な貧困をわすれた現代人は、自分の生活環境に異物が侵入してくることにたいして極端なまでに神経質になっている。資本主義社会を活性化させる競争原理はわすれられ、既得権益としてしがみついている滅菌社会のなかで、抗生物質のきかない耐性菌（SRBM）や病毒をもつ大腸菌（O‐157、いわゆるレジオネラ菌）におびえている。コッホの厳密さが行きついた先をみた私たちは、パストゥールの方法にたちかえろうとしているわけだ。

最初の問題意識にたちかえって、古代・中世・近代という時代の3区分が、どれほど近代人の身体をしばっているかについて、ひとこと述べておきたい。時代区分には必然的に、人知が拡大し、人間の生活環境が次第に良くなるという意識がこめられている。ところが、人間界、あるいは地球環境の全体としても、はたして良い方向にむかっているかどうかは疑わしいかぎり。たとえば、古代と近代のあいだにはさまれた中世という年代設定は、本来否定されるべきものとして中間におかれた。筆者は研究上の戦略として、近代の過程をさらに三つに区分し、それぞれの期間のなかに時代の常識にそむくような要素を見出し、その観念化をふまえて将来に希望をいだこう、とかんがえたのだった。

ところが、近代社会のなかに自分にとって不都合な要素を見出すことは簡単だとしても、それをのりこえてどこへいくべきかがわからない。じつは、自分にとって不都合とおもえる物が他人にとって都合のよい場合だってある。こちらがその障害を克服したつもりでいても、それを支えとする人たちがいるかぎり、障害物はかならず目の前に出現してくる。伝染病の原因となる病原菌がその代表格である。たしかに天然痘は撲滅されたのだろうが、その細菌がしめていた生態的な場所（ニッチ）は別の何かによってしめられる。

近代の歴史過程のなかに悪しき物をみつけだせないからには、必然的に近代そのものの位置づけが曖昧になり、将来にたいする希望にも影がさしてくる。しかし、それはそれで良いのではないか。もはや天国と地獄がそのまま予定調和的に存在しえないように、目的論（テレオロジー）的に物事が整序されているというほうに無理がある。無理を承知で自己主張をおしとおそうとすれば、他の集団とのあいだに軋轢がおこるのは当然だ。

自己の存在と社会のなかでの自己の位置づけは、あくまで関係性のなかでしか確認できない。親子・男女・夫婦からはじまって、共同体・民族・国民などというグループ分けのすべてに、それはつうじる。かといって、関係のなかだけで自己が完結するわけでもない。あくまで自己の存在論（オントロジー）的確認が自己の課題としてのこる。たとえば、同じ仕事をしても、出来映えにはおのずと個性が発揮されるというように。自分が他人と違うことを自覚し、そのうえで個性を発揮した仕事ぶりをしめすことができれば、先のみえない時代を生きる覚悟もさだまるだろう。

第九章　万博都市パリの光と影

一　物から記号へ

万国博覧会の呼び名は、世界各国語で大きく異なっている。同じ英語圏でも、イギリスでは「大展示会」（ザ・グレイト・エクシビション）、アメリカでは「世界市」（ワールズ・フェア）というのが習い。ドイツ語では英米語を足して２で割ったような「世界展示」（ヴェルトアウスシュテルンク）という。しかし、ドイツ圏で万国博がおこなわれたのは、これまでのところ１８７３年のウィーンと２０００年のハノーヴァーの２回だけ。とくにハノーヴァーは、当初の入場者見込みを大きく下回る結果となって、今後の開催予定地の関係者たちをあわてさせた。

万国博の本家を自認するフランスでは、「普遍的展覧会」（エクスポジシオン・ユニヴェルセル）と称する。[1)]展示会とか展覧会とか定期市（フェア）とかいった言葉によって、物をならべる順序とか出来事の秩序だった説明とかが問題になるのはもちろんである。まして、世界や普遍といった形容詞がつくのが万国博たる所以なのだから、展示を指揮する者の、ということは万国博のホストとなる都市や地域の住民の世界観（ドイツ語でヴェルトアンシャウウンク）が問われることになる。いずれにせよ万国博を問題とするときには、もはや地域経済の活性化などという偏狭な地方根性の出る幕ではない。

19世紀末においてすでに、万国博はたんなる物の展示の場ではなくなった。19世紀から20世紀への移り変わりとなった世紀転換期には、具体的な事物から抽象的な記号の展示へと、万国博の展示の性格も変わっていった。いよいよ21世紀となって、万国博の意味づけに変化があるとしたら、それは何だろう。自然保護派の議論をとりこむためにあわてて出してきたようにも思える「自然の叡智」というテーマでいいのだろうか。万国博の存在意義もさることながら、自然と人間の関係も時代によって変わっていかざるをえない。[2)]

博覧会の起源についていては、あまりにさかのぼりすぎても意味はない。ごく大ざっぱにいえば、ヨーロッパにかぎらず旧大陸の通商上の要地でいとなまれたフェアやメッセ、あるいはバザールをはるかな起源とする。万国博にかぎっていえば、先述したように1851年ロンドンのザ・グレイト・エグシビションがその初めとなった。この世界初の万国博は、18世紀末以来パリで開かれてきた産業博覧会(エクスポジシオン・アンデュストリエル)の形式にならったもので、新奇な物の展示に執心したはずだった。が、イギリスによる世界制覇を背景として、展示物はおよそ秩序感を欠いたものになった。

本家のパリ産業博についていては、さしあたり、それがフランス革命の申し子であり、産業社会への脱皮をうながす刺激策として導入された国家装置のひとつだったことを強調しておきたい。規模の点で後世の万国博とは比較にならないほど小さかったが、国産品の品質向上と革命騒ぎに血をわきたたせるパリ市民の意識変革を狙いとしていた。いずれにせよ、ロンドンとパリの二都が博覧会の草創の地であり、西欧文明の担い手たるべく、この3百年ものあいだ、産業社会の主導権をめぐって覇をきそってきたのである。

この課題の射程を、ロンドン万国博以来こんにちまでの150年とか、あるいはパリ産業博以来の2百年とかでなく、3百年としたのは、それなりの理由がある。[2] 太陽王ルイ14世が親政を開始したばかりの1673年に、パリで初めての美術・彫刻展覧会が開かれた。これが美術アカデミーの始まりともなった。それから1世紀近くを経た1761年には、ロンドンで初めての産業博覧会が開催されている。その音頭取りとなったのが、ウォルター・シップレーである。かれの本職は画家だが、けっしてその地位にとどまることなく、枢要にはたらきかけて新産業育成をうながし、また画工のための学校を開いたりした。いまふうにいえば産業デザイナーの草分けといった存在である。ロンドンの産業博覧会は、伝統を重んじるイギリス社会では例外的な企業家精神の持ち主であるかれの提案に沿ったもので、個人事業のかたちでいとなまれたところに特徴がある。

フランスを始めとする大陸諸国では、大規模な博覧会は国家が推進するものであり、大きな欠損が出ても最終的には国家予算で処理された。歳出増によって景気を刺激する経済理論の先駆というと言い過ぎだが、ともかく金に糸目をつけない大盤振舞の趣きである。それにたいしてアングロ・サクソン系の諸国では、シップレーのように個人事業ばかりとはいわないまでも、そのつど団体を組織して博覧会を運営した。つまりは、収支の均衡を是とする立場である。

いまからほぼ2百年前、フランス革命の興奮さめやらぬ1798年のパリに目を転じよう。幾多の事件の現場となった元の練兵場（シャン・ド・マルス）で産業博覧会が開催された。建築家ジャン・フランソワ・シャルグランによる「産業殿堂」（タンプル・ド・ランデュストリー）と、それにつらなる68もの連続アーチが広場をうめた（図9a）。野外では、革命戦争で大活躍した気球の上昇実演があり、屋内には全国から集められた最新の製造品が展示された。歴史的に重要な出品物にメートルとキログラムの原基がある。優秀賞をあたえられたなかには、出版業者ディド家による豪華本、あるいは気球操縦者としても名をはせた化学者ニコラ・ジャック・コンテによる人工クレヨンがあった。いまでも映画製作の用語にある絵コンテという言葉は、この発明者の名に由来する。[3)]

パリの産業博はナポレオンの支配下で都合3度、すなわち１８０１年にルーヴル宮殿、翌02年と06年に廃兵院（レ・ザンヴァリッド、いまは当のナポレオンの遺骸がねむる）で開かれている。政治体制が目まぐるしく転換したにもかかわらず、その開催は政権の経済政策の目玉となった。ブルボン王朝が復活した復古王政期の１８１９年には会場をルーヴル宮殿にもどしている。23年にはあらたにシャンゼリゼ界隈を会場とし、27年に同地でもう1度と、復古王政下でしめて3回おこなわれた。ついでブルボン家の分家であるオルレア

図9a　1798年パリ産業博覧会

ン家が王位にのぼった7月王政期にも、34年、39年、44年の3回おこなわれた。シャンゼリゼを会場とし5年ごとに開催される習わしが、この間に定着した[4]。

ちなみに、産業博の第8回目にあたる1834年のおりの組織委員会には、虚構の人物でありながら同時代の雰囲気を色濃くただよわせるジェローム・パチュロが、小売り業界の大立て者としてまねかれている（第四章を参照）[5]。木綿製の帽子や下着、つまりメリヤス製品をあきなうこの帽子屋は、木綿には市場原理をはたらかせ、自由貿易にゆだねるべきという。ところが、フランスの伝統産業でもある羊毛と毛織物の生産・流通には保護貿易が不可欠とする、いわば是々非々の態度をとって、居並ぶ委員たちを唖然とさせたものだ。こうした例からもわかるように、国内産業振興を詠い文句とするわりに、経済成長を国是とする意見が世論の大勢をしめることはなかった[6]。パリ産業博の最後となった第11回目は1849年のこと。このときにはすでに第2共和政の名のもとに、ナポレオンの甥のルイ=ナポレオンが大統領になっていた。産業博が万国博にきりかわるとき、ボナパルト家の名による強い政治指導力が、ようやく経済界の体質改善をうながすことになるだろう。

二　博覧会の世紀

1851年にロンドンのハイド・パークで開かれた万国博は、造園業者ジョセフ・パクストンが建設した「水晶宮」(クリスタル・パレス)によってすべてがかたられる。[7] 大量生産が可能な鉄とガラスの、しかもプレハブ方式による大建築は、温室の規模を拡大しただけとはいえ、見る者を圧倒した。「自然との共生」という観点で、面白いエピソードもある。敷地にあった楡の大木を切らずに、そのまま片方の翼のアクセントとして建物のなかにとりこんでいた。

トマス・クックの旅行業もこの機会をとらえて大いに発展した。かつて最有力だった旅行小切手には、その肖像がかかげられていたものだ。かれはたんなる観光業者ではなく、熱烈なバプティスト(幼児洗礼をみとめないカルヴァン系の教派)で、かつ禁酒主義者だった。[8] 下層民衆を飲酒の悪癖から遠ざけようとする良き意志が、その事業欲の源泉だった。大英帝国の発展によって労働者階級でも享受できるようになった余暇の効果的な利用をあみだしたのが、かれクックだった。それだけでなく、万国博見物のための団体旅行を組織し、倹約して旅行費用を積み立てるという新方式までうちだしている。

万国博の規模は1851年からこのかた、不断の発展をとげたというわけではない。拡大基調のなかで収支面の不安が起きると、次の企画は縮小を余儀なくされたというのが通則である。1862年のロンドンでの第2回目の万国博は、第1回でえた利益によって取得したサウス・ケンジントンの土地を会場とした。[9] 装飾美術に重点をおいて、そのおりの展示品をいまにつたえるのが、大英帝国極盛期の女王と夫君の名を記念したヴィクトリア・アルバート博物館である。おりから攘夷の高まりによる開港の遅れを弁明するため、江戸幕府は最初の遣欧使節団(正使は竹内下野守)をロンドンにおくった。そこには通事として参加した福沢諭吉の顔もみえる。日本からもちこまれた品じなとともに、侍たちの風体もまた、生きた展示品として西欧人の耳目をあつめたが、けっして未開野蛮という評価ではなかったようだ。[10]ところで英国ではこれ以降、いわゆる万国博がひらかれていない。それも道理で、文明世界の半ばをしめる大英帝国の枠内で国際的な物産展をひらいているのだ。

１８７３年のウィーン万国博は、いまは巨大な観覧車が人目をひくプラーターを主会場とし、昔の城壁と壕の跡である環状道路（リング）沿いの公共建築を整備して、世界からの客をあつめた。おりから欧州歴訪中の岩倉具視を正使、大久保利通を副使とする明治政府の使節団が見聞したのは、この万国博である。日本のコーナーには、なんと名古屋城の金鯱がすえられていた。自国の工業化をあせる使節団は、それを誇らしい目でみただろうか。雌雄一対の雄のほうが、明治初期に大屋根からおろされて国内を巡回し、その果てにヨーロッパの内陸の都にまでいたったのだった。金鯱は太平洋戦争末期の空襲で焼け落ちて、いまは茶釜と化している。

19世紀はパリの産業博覧会であけ、１９００年のパリ万国博でしめくくられた。ところが20世紀に入ると、アメリカ合衆国が万国博の主舞台となる。[11]以後は、この新興国での催しが話題の中心になる。国際外交の舞台でイギリスを共通の敵としてきた米仏両国は、革命前からの親密な関係をたもっていた。ニューヨーク港にそびえ立つ「自由の女神」像の骨組みとなる鉄骨をつくったのが、フランスの橋梁建設のパイオニアでもあったギュスタヴ・エッフェルである。１８７６年に新大陸で開かれた最初の例となったフィラデルフィア万国博は、電気の時代の幕開けをつげるものだった。そのおもな展示品には、グラハム・ベルの電話がふくまれている。

１８９３年の万国博は内陸部のシカゴで開催された。主会場となったジャクソン公園には、ホワイト・シティと名づけられた主展示場と、ミッドウェイという娯楽施設がもうけられた。こうした臨時の娯楽施設を併設したのは、中西部でよくみられる収穫祭などの行事にならったもの。同じころ、鉄道による移動を躍進の契機として最盛期をむかえつつあったサーカス興行が、万国博の事例を踏襲することになる。

１９０４年のセントルイス万国博では、オリンピックが同時に開催されている。万国博のほうはアイヴォリー・シティという主会場でおこなわれた。[12] 第３回目の近代オリンピックのほうはというと、ほとんど野原としかみえない郊外の競技場で、ふた月にわたって延えんとつづけられた。その競技種目というのが、綱引きや樽くぐりというのだから、その素朴さにはおどろかされる。実際のところ、初期のオリンピックは万国博の添え物でしかなかった。とくに第２回目、１９００年のそれは主唱者クーベルタンのお膝元パリでおこなわれていながら、競技そのものはお粗末の一語につきた。[13] とはいえ、以後のオリンピックは、世界大戦による中断や冷戦末期のボイコット騒ぎがあったとはいえ、規模の面では拡大の一途をたどっている。

第１次世界大戦がはじまった翌年の１９１５年、ヨーロッパの戦場から遠くはなれたサンフランシスコで万国博が開催された。これはもっぱら、アメリカ中西部で力をもっていた鉄道会社のデモンストレーションといった色彩が強かった。激しい競争をくりひろげた各社が、博覧会場でもパヴィリオンの広さをきそったものだ。33年の2度目のシカゴでの万国博となると、さすがに面目も一新される。大恐慌のただなかにあったとはいえ、1920年代の消費景気の爛熟を背景に、アメリカの製造業の裾野の広さを世界にしめす場となった。たとえば、それまで一顧だにされなかった事務機械や家電製品の意匠がとりあげられ、ここにインダストリアル・デザインが誕生したとさえいわれる。1939年には、それまで満を持していたニューヨークが万国博の開催をひきうける。いまはスポーツの複合施設（全米オープン・テニスの会場）でしられる北郊のフラッシング・メドーと、遊園地として整備されてきた東郊のコニー・アイランドが、万国博会場として再開発された。やはり産業の進歩をしめす展示だけでなく娯楽施設も併設して観客増をあてこんだものだ。

第2次大戦後の1958年に開かれたブリュッセル万国博は、ヨーロッパの戦後復興がテーマとなった。元来がベルギーは19世紀末以来、パリ万国博の合間あいまに、植民地支配に力点を置いた国際博覧会を何度も実施してきた実績がある。ナチスに蹂躙された小国の首都はこのときの万国博を機に、経済統合からさらに政治統合を目指すヨーロッパの首都として整備されていく。ちなみに万国博と国際博の違いは、両大戦間期の1928年に設立された国際博覧会協会（ビュロー・ダンフォルマシオン・プール・レクスポジシオン、以下BIEと略す）によって厳密に定義され、たとえば前者が10年ごと、後者がその合間の5年きざみで企画されることになった。

さて万国博のほうはといえば、1962年にはあらためてアメリカに舞台をうつし、太平洋新時代をとなえるシアトル万国博が開かれた。それから間もない64年、ニューヨークで第2回目の万国博が開かれた。これは、39年の会場を再利用したもので、しかもBIE事務局による承認をえていない。とくにこのときの企画展では、ディズニー社の企画によるアニメと音響を合体させたオーディオ・アニマトロニクスが話題をあつめた。同社との提携から各地のテーマ・パークへひきつがれたものは数多い。いまもディズニー・ランドで体験できるいくつかの施設（たとえばイッツ・ア・スモール・ワールド）は、その遺産のひとつである。[14]合衆国での万国博は一過性のイヴェントであることをやめて、経済的・社会的に永続する効果を生み出したといえる。

1967年のモントリオール万国博は一大転機をもたらした。カナダにとっては英仏両国に由来する住民の融和、世界にむけては諸民族の協調をアピールしたかった。つまりは、単純に産業技術の進歩を謳歌できなくなってきたのだ。同じ意味で、日本人にとって大きな意味をもった1970年の大阪万国博も、「お祭り広場」とか「太陽の塔」などで、技術開発よりも祭のイヴェントとしての性格を全面にうちだした。しかも、そこには多数の前衛芸術家が動員されている。モントリオールや大阪の例にくらべると、さほど記憶にのこらない85年の「つくば科学博」は、観客から夢をうばったともいえる。広告代理店の影響力だけが前面に出てしまい、参加型の博覧会という方向性からすれば、明かな後退であるといわざるをえない。

1992年のセビーリャ万国博はコロンブスの航海から5百年を記念して、「発見の時代」を惹句とした。日本からは大航海時代の文化を象徴するものとして、安土城の模型が出品された。ところが実態は、同じ年に開かれたバルセロナ五輪の添え物になりさがっている。オリンピックが万国博の添え物だった1900年のパリや04年のセントルイスとは、まるで様変わりしてしまい、万国博覧会の権威が失墜したことは誰の目にも明らかである。[15] 20世紀におけるこうした変化は、いったい何に起因するのか。次項では、パリで開かれた6度の万国博を検討することによって、21世紀につながる議論をすくいとっていこう。

三　パリの万博遺跡

『パサージュ論』でワルター・ベンヤミンは、パリで開かれた万国博の祝祭性をもちあげると同時に、そこにおける「ポエジーの不足」をなげいている。またかれは、万国博と都市計画との密接な関連、労働者の苦役からの解放、物神への新たな従属などを、切り抜きふうにえがいた。別の箇所では、シャル・ボードレールによってその意義が高められた複製芸術の蔓延によって「商品のアウラ」がうしなわれたと指摘している。[16] 万国博の位置づけの歴史的変化をほのめかしつつ、都市民衆の匿名性と不可分の関係にある都市生活の透明性を、万国博の位置づけの歴史的変化に対応させているように思われる。

１８５５年にパリで開かれた初めての万国博では、従来の産業博覧会の舞台だったシャンゼリゼに、１７９８年のひそみにならった「産業宮」が新築されている。それとは別に、セーヌ河畔に「機械館」がもうけられた。また美術展覧会の流れをくむだけに、同時に美術展が開催されたところが、ロンドン万国博との違いである。[17] 余談だが、オペラ座の監督をつとめたこともあるオッフェンバックが、庶民向けの劇場デラスマン・コミーク座を買収して自作を上演させ、大当たりをとったのもこのときのこと。それからヴァリエテ座に本拠をうつしたかれは、「天国と地獄」（原題名は地獄のオルフェウス）で記録的な興行収入をあげた。そこでくりひろげられる狂騒的な曲は、万国博景気にうかれる第2帝政下のパリ市民の気分をうつし出している。

１８６７年の第2回万国博の組織委員長となったのが、家族社会学の元祖としても有名なフレデリック・ル・プレーという人物である。[18] かれはナポレオン3世の覚えめでたく、すでに第1回目のおりにも組

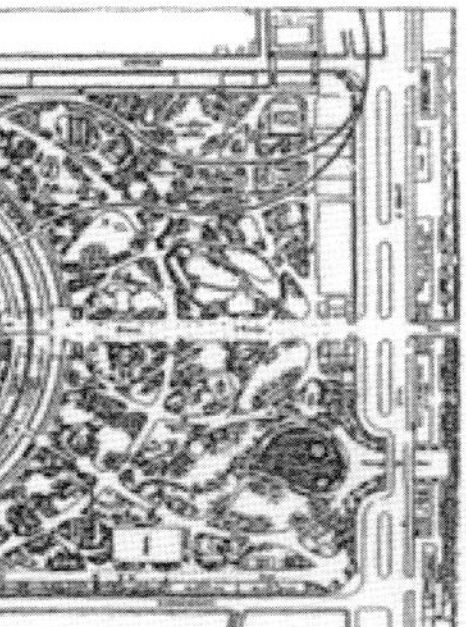

図9b　1867年万国博の会場

織委員会に名をつらねていたのだが、このときには全権を委任されて采配をふるったものだ。まずは会場を、手狭なシャンゼリゼから再度シャン・ド・マルスへとうつし、またその創案になる楕円形の建物で広大な敷地をおおった（図9b、前頁）。その意義を評価する声は、最近とみに高くなっている。ル・プレーはアンファンタンの不遇時代にも忠実だったジャン・レノーと親友の間柄であり、サン＝シモン主義者を帝政支持に動員したミシェル・シュヴァリエとこの時期に急接近した。たしかにサン＝シモンの鉄と友愛の実践哲学を実現したには違いないが、きわめて個人主義的な生活倫理を奉じ、帝政崩壊後には伝統的な家族の復興と分割相続に反対する運動をくりひろげたル・プレーをサン＝シモン主義者の陣営にくわえるのは少々ためらわれる。

普仏戦争とパリ・コミューンで大きな痛手をこうむったフランスが、第3共和政政府の威信にかけて開催したのが、１８７８年の第3回万国博である。このときには、セーヌ河をはさんでシャン・ド・マルスの対岸にある高台にトロカデロ宮殿が建設された。そこには植民地からの出展物が山と積まれた。フランスは第2帝政期の１８６０年前後から、それまでの西インド諸島やアフリカ大陸にくわえ、東南アジアの一角に拠点を確保していた。ドイツにたいする復讐の念に燃えながら、ヨーロッパの外交面で主導権をにぎれないでいる共和政政府は、保守的な王党派やボナパルト主義者よりいっそう膨張政策に熱心であるようにみえた。しかし、このときの万国博は入場者もかぎられ、みじめな失敗に終わる。

１８８９年の第4回万国博は、フランス革命百周年を記念する行事でもあった。[19] エッフェルによる高さ300メーターの塔がその最大の呼び物となったのだが、計画時から知識人のあいだだけでなく広く世間の反発をまねいた。問題の塔の足元には、建築家シャルル・ガルニエによって構想された諸民族の住居が数十も展示されていた。[20] その雛形は67年のときにもみられたのだが、フランス人のかんがえる文明から野蛮までのスペクトルを、住まいという形で実地にみせたところに興味をおぼえる。
1900年にはエッフェル塔を中心に、トロカデロ、シャンゼリゼに新設なった鉄骨とガラスの展示場グラン・パレとプチ・パレ、それに廃兵院前の広場（エストラパード）をとりこんで、第5回万国博が開催されている。各会場をつなぐ動く歩道が話題をよび、電気館は産業の世紀をしめくくるにふさわしい展示となった（図9c）。[21]
ところで、クーベルタンが主唱して始まった近代オリンピックは、第1回目が1896年にギリシアのアテネでおこなわれ、現地の官民あげての協力により大成功をおさめた。オリンピックの第2回目は、万国博共催の形でパリでひらかれたのだが、共和派の有力政治家の理解をえられず、みじめな結果におわった。前項でふれたセントルイスの事例は、その失敗をくりかえしたにすぎない。

図9c　1900年万国博の噴水と電気館

1937年の第6回目が、さしあたりパリで開かれた万国博の最後となった。[22] このとき、伝統建築を習合したトロカデロ宮殿にかわってアール・デコ調のシャイヨー宮殿が建設された。いまそこには革命期に起源するモニュメント博物館や冒険家ジャン・クストーにちなんだ海洋博物館などが入っている。シャイヨー宮殿の前にはソ連館（B・イオファン設計）とナチス・ドイツ館（A・シュペーア設計）がむかいあい、それぞれ巨大な鎌と鉄十字をかかげて、第2次世界大戦の予兆をつげていた。

万国博以外にも、パリではみすごすことのできない重要な博覧会が開かれている。たとえば装飾博覧会である。とりわけ万国装飾美術博とうたった1925年のそれは、アール・デコの幕開けをつげた行事として記憶される。こちらは、いかにも高級既製服（オートクチュール）の都としての歴史を感じさせる催しである。装飾博覧会と好対照をなすのが、住宅博覧会。その始まりは、コレラ対策が急がれた19世紀なかば以来の衛生住宅展覧会である。19世紀末から20世紀初頭にかけて、パリのみならず地方の主要都市で頻繁に開かれた都市衛生博覧会では、近代的な生活アメニティが提案されたものだ。その最終局面では、ミース・ヴァン・デル・ローエやル・コルといったそうそうたる顔ぶれが、新しい発想にもとずく共同住宅を提案している。つまり、その時点では近代をのりこえる超近代主義的な建築が、ヨーロッパを中心とする近代主義的な建築設計の発想を延命させたのだ。大都市郊外の無機的な中高層の共同住宅は、一方でイギリスにおこった田園都市の構想、他方でいかにもフランス的な労働階級の自主管理の発想を母体としている。ところが、実際に建築が姿をあらわすと、およそ濃密な近隣関係をとりむすぶことのできるような代物ではなかった。

19世紀の万国博の目玉となる展示だった植民地の文物の紹介が、20世紀の前半には独立した企画となる。当初からパリ万国博の目玉であり、20世紀に入るとコンゴを確保したベルギーでの博覧会の中心行事となった。1931年にパリ東郊のヴァンセンヌで開催された植民地博覧会はとりわけ大規模で、世界第2の植民地帝国を誇示するものだった。[23] インド支配に陰りがみえはじめたイギリスは参加をためったため、アジアに拠点をもつフランスとオランダの2国を中心とする展示となった。フランスはカンボジアのアンコール・ワットを再現し、オランダはバリ島の寺院を模した建造物をわざわざ建てたほどの気のいれようである。民族文化の紹介に意をもちい、現地の都合を優先したようにみえて、じつはヨーロッパ人による植民地支配を永続化しようとはかったものだった。

このとき大会の組織委員長をつとめたのが、モロッコ征服の英雄として名をとどろかせたリヨテ元帥である。植民地の繁栄をうたうには、まさにうってつけの人物であるが、そのかれが本国の都市文化にたいして違和感をとなえていたことをしる庶民は少ない。本国の都市計画にたいするかれの貢献については、次章でふれることになる。

第十章　コロニアル・デザイン

一　共和国の名による植民地統治

いわゆる帝国主義の時代において、フランスの植民地はイギリスに次ぐ世界第2の規模をうたわれたが、4百年におよぶその歴史には中途に大きな断絶がある。18世紀の植民地争覇戦にやぶれた王朝時代のフランスは、1763年の時点で前世紀から新大陸とインドに営々ときずきあげた拠点のほとんどをうしない、フランス革命の時期をはさんで1830年まで、カリブ海とインド洋上のいくつかの島を領するだけになった。[1)]

かねて海賊行為を理由として侵略の機をうかがっていたアルジェリアにむけて直接にフランスが軍をすすめたのは、ブルボン復古王政の最後の年となった1830年である。征服事業は次のオルレアン家による7月王政にうけつがれ、1840年代前半までにはほぼ全域を確保した。このとき、西隣モロッコ国王はアルジェリアの抵抗勢力の中心であったアブデル＝カデルに援軍をおくり、市民王ルイ＝フィリップの自慢の息子ジョワンヴィル公爵によって海港モガドール（現エッサウィラ、その要塞が前世紀にフランス人技師によって設計施工されたというのも両国の因縁を感じさせる）を砲撃されている。[2)] 一方、オスマン・トルコからの自立をめざしていたエジプト太守メフメト＝アリは、いわゆる「東方問題」でのフランスの支持を頼りとしていたので、フランスの支配権が拡大することを黙認した。

じつにフランスとイスラム圏との直接の交渉は、北仏の諸侯を中心として編成された第1回十字軍（1096年）にまでさかのぼる。ブルボン王朝が遠祖とあおぐ聖王ルイ9世はチュニジアに客死した（1270年）。ギリシア・ラテン・イスラムの3要素が混交して独自の文化をはぐくんでいたイタリア南部への野心も、アンジュー伯爵シャルルによってあからさまにされたことがある（シチリアの晩祷事件、1282年）。近くは政権掌握前後のナポレオンによるエジプト遠征の挙があり（1799〜1801年）、第2帝政期にはフェルディナン・レセップスによってスエズ運河の開削もなされている（1869年）。マルセイユを拠点とする東地中海方面との経済的結びつき、いわゆるレヴァント貿易は、植民地支配の盛衰とは関係なく、フランスの海外取引にあって重要な柱でありつづけた。[3)]

古代ローマ人のように地中海を「われらの海」にしようとする野望はついに実現できなかったにせよ、19世紀のイギリスや20世紀のアメリカ合衆国が世界の七つの海の支配にかたむけた情熱を、フランスは地中海の支配にふりむけてきたことは間違いない。征服が完了すると、アルジェリアの地中海沿岸には本土と同じように県がおかれ、内陸部には軍営がもうけられて、さらに奥地への進出をめざすことになった。

19世紀末の「アフリカ分割」は第3共和政期フランスの植民地拡大への野心が直接の引き金となっている。同じころアジア・太平洋地域でも列強による分割がすすんだが、イスラム圏にたいするフランスの侵略の名目は、ことさらに「文明化の使命」を強調するものとなった。[4)] その背景にはキリスト教徒とイスラム教徒の千年以上にわたる対立がからんでいる。革命の国フランスが、異教徒とはいえ人民の権利をうばって隷属させるという矛盾は、さほど意識されることはなかった。フランスの政治的影響をイスラム世界に広げなければ列強角逐の時代に生きのこれないという認識が、本国の世論を下支えしていたからである。

１９０３年にアルジェリア西部・オラン県南方の派遣軍をゆだねられ、ここを拠点にモロッコ侵略の先兵となったのがリヨテである。かれはアルジェリア勤務を振り出しに、インドシナのトンキンからマダガスカルと、当時の世界を股にかけた根っからの職業軍人だった。トンキンではジョゼフ・ガリエニ将軍の幕僚となり、その「平和的浸透」の理念と実践をまなんでマダガスカル全土をフランスの支配下においた。[5]

ガリエニとリヨテのコンビは、おりから本国で勃発して軍部の信用を失墜させたドレフュス事件にまきこまれることもなく、フランスの国益を増大させた指揮官として大いに名を高めた。ガリエニの直接的な指導をはなれたリヨテは、大佐、少将と順調に出世、オラン師団長（中将）として最初の任地にもどってきた。おりから１９０４年に英仏協商がなり、フランスはモロッコにおける行動の自由をえた。フランス軍はオラン南方の内陸部からモロッコ東境を浸食しはじめる（図10a）。そうしたフランス側の動きを牽制するように、ドイツ皇帝ヴィルヘルム２世がみずからタンジール港を訪問、いわゆる第１次モロッコ事件が起きる（１９０５年）。翌年にスペインのアルヘシラスでひらかれた会議では、スペインとフランスのモロッコ監督権が列強によって承認され、ドイツの野心に水がさされる形となった。フランス軍の攻勢には弾みがかかり、１９０７年にカサブランカを砲撃、モロッコを東西から挟み撃ちにするように本格的な侵攻をはじめる。１９１０年までにオラン南方地域の平定作戦を完了させたリヨテひきいるフランス軍は、スルタン・ハーフィズの要請によって、叛徒にかこまれた王都フェズを解放する。それに対抗してドイツ砲艦がアガディールに来航、これが第２次モロッコ事件である（１９１１年）。

　１９１２年に民衆運動が激化すると、浪費によって国庫を空にしていたスルタンは、ついにフランスによる保護国化を承認した。同年夏にスルタンは、マラケシュに拠って力をたくわえた異母弟ベン・ユースフに位をゆずらざるをえなくなった。[6] その間、いったん帰国して本国のレンヌ軍団長（大将）に就任していたリヨテは、軍籍はそのままに外務省（ケー・ドルセー）の指揮監督下におかれたモロッコ駐劄《ちゅうさつ》官（レジダン・ジェネラル）に指名される。国政を壟断してきた国

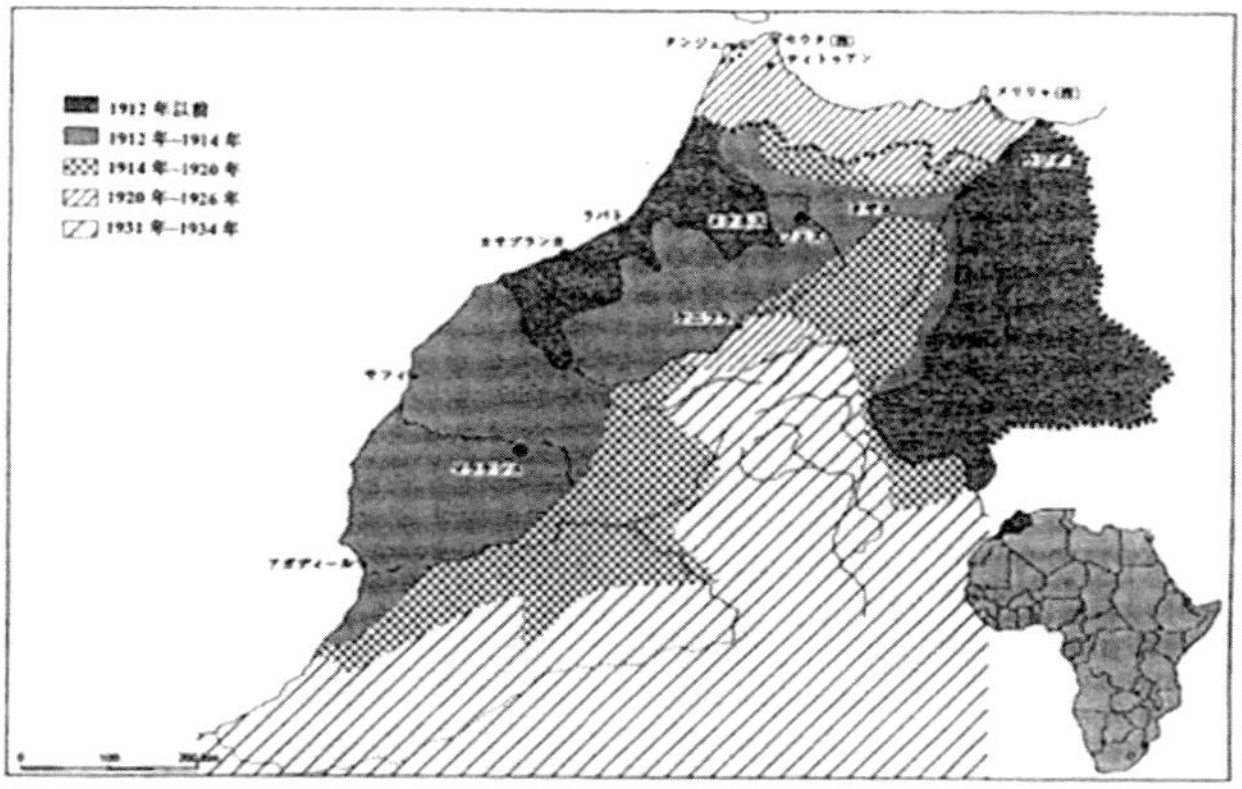

図10a　フランスの占領地

王側近の守旧派と、これに対抗する民衆勢力のあいだに楔をうちこんだところに、リヨテの政治的手腕がいかんなく発揮されている。くわえて、高《オー》アトラス山脈とオアシス地帯をおさえるベルベル系の部族長たちの支持をとりつけたことも大きい。軍備において圧倒的に優勢とはいえないフランス側は、この3勢力が互いにむすびつくことのないよう、つねに政治的配慮を心がけねばならなかった。作戦面でのこされたのは中央の山岳部だけとなったが、リフ山地と地中海にはさまれたスペイン統治下の地域（以下ではリフ地方）が問題の種となる。いわゆる「文明化の課題」はモロッコにおいて、十分に達成されたとはいえなかった。[7)]

二　世界戦争と植民地博覧会

1914年にはヨーロッパで第1次世界大戦が勃発、リヨテはモロッコの現状を維持するために、本国からの応援要請には控えめな援助を申し出る。戦局がフランスにとって不利であった当初、ズアーヴ第41連隊1万人を派遣したにとどまった（最終的には兵員3万7千、それとほぼ同数の労働者を派遣する）。戦争が長期化するなか、左派の議会攻勢に抗しきれなくなった首相アリスチド・ブリアンが、リヨテに陸相就任を打診してきた。しばらく前にはガリエニがその地位にあったのだが、このリヨテの師は病にたおれてすでに世をさっていた。リヨテはやや逡巡したのち申し出を受けいれ、本国にわたる。ところが、モロッコをはなれるさいにフランス民衆を愚弄したコメントを発表したとして、当時は共産党の若手議員であったジャック・ドリオの非難をあびる。[8] この人物は、のちにフランスのファシスト政党として最大規模をほこった人民党を創設することになる。

リヨテが陸相に指名された背景には、ロベール・ニヴェル将軍が立案した無謀な軍事的攻勢に政権の命運を賭けたブリアンの思惑がひめられていた。1917年4月のエーヌ県方面での攻勢は、味方の犠牲を承知の上での冒険的作戦だったが、ついにむくわれることなく終わった。四面楚歌のなかでの陸相の交代は、結果的に前線のフランス軍の総崩れをひきおこすことになる。本国ではブリアンの後をうけてクレマンソーが強力内閣を組織し、軍事面ではフェルディナン・フォッシュ将軍が連合軍指導部の組織をかろうじてたてなおした。戦争そのものは革命によるドイツ軍の崩壊で終局をむかえるが、フランスの共和政国家と国民も大きな痛手をおった。[9] ヴェルサイユ講和会議でクレマンソーが要求した懲罰的な対ドイツ賠償は、もうひとつの世界戦争をまねきよせることになる。クレマンソーが代表する第3共和政の中軸としての急進共和主義は、国際秩序の維持などお構いなしの自国中心的な政策によって、その外交音痴ぶりを露呈した。社会主義の陣営から急進派にうつって重要閣僚を歴任し、のちには両大戦間期の平和外交の立役者となったブリアンにしても、リヨテの名声を楯に無謀な作戦を遂行するという、日和見主義（オポルチュニスム）の限界をみせている。

ともかく最初の世界戦争の危機をフランスはかろうじてのりこえ、リヨテも1921年に元帥の称号をさずけられて、モロッコの統治は当分安泰とみえた。しかし、思わぬところから危機がしのびよってくる。そのころスペイン領モロッコ、すなわちリフ地方で反植民地運動が活発化し、ついにスペイン軍を軍事的に圧倒する。これが前後5年におよぶリフ戦争の狼煙となった。[10] その指導者アブデル＝クリムは欧米の労働運動や社会主義の動向にもつうじた、いわば行動する知識人である。列強の思惑が一致していないとみてとったかれは、１９２３年にリフ部族連合共和国を宣言し、2年後にはフランス側の防衛拠点に攻撃をしかけた。モロッコ中部はフランス軍の支配がおよんだことのない山岳地帯である。そこを新たな拠点としたリフ軍は25年夏まで連戦連勝の勢いだった。リヨテのフランス軍は本格的な掃討作戦がとれないまま、本国に救援を要請する羽目になる。援軍の指揮官としてリヨテは自分の息のかかった将官を任命するよう要請したのだが、赴任してきたのはヴェルダン防衛で国民的英雄となったフィリップ・ペタン元帥だった。リヨテの思惑とは異なり、ペタンは仮借ない殲滅作戦をおこなって、夏過ぎまでにはフランスの威令は回復される。リヨテは駐箚官の職をとかれ、帰国の途についた。翌年にはアブデル＝クリムも降伏し、インド洋上のレユニオン島にながされる。

本国にもどったリヨテは、故郷ロレーヌ地方の小村トレース（ムルト・エ・モーゼル県）にひきこもり、公の場から身をひいたようにみえた。ところが１９２７年に、かねて話題にのぼっていた植民地博覧会の計画がにわかに浮上し、31年にパリ東郊のヴァンセンヌの森で開催されることがきまる。右翼ブロックの一角をなす共和国連合の領袖ルイ・マランが、元帥をその組織委員長にまつりあげた。ここではリヨテの側近たちはむしろ後景にしりぞいて、ル・プレー学派とカトリック勢力の支持が前面にでてくる。植民地博覧会は入場者3千4百万人をあつめて、過去5回おこなわれた万国博よりも活況を呈し、大成功をおさめた（図10b）。ひきつづいて1937年にパリで開かれた6回目の万国博の入場者数は3千百万人にとどまっている。体制の崩壊を目前にひかえた時期の植民地博覧会は、庶民の心に古き良き時代の記憶として強烈な印象をのこした。その50周年を記念する出版物が相次いで刊行されたほどである[11]。

四方田犬彦の近著『モロッコ流謫』のエピローグには、色彩の画家とうたわれたアンリ・マチスによる「窓からの眺め」と「タンジェの開かれた窓」という2枚の絵をめぐって、次のような文章がみられる。

図10b　パリ植民地博覧会（1931年5月6日の開会式）

> マチスは眼前の風景からヨーロッパ近代と植民地を感じさせるものをいっさい排除してしまい、すべての形態から意味を追放してしまった。この二枚の作品が描かれた一九一二年から一三年という年が、モロッコがフランスの保護下に置かれ、リヨテ将軍が派遣されてきた年と同じであることは、けっ

して偶然のようには思えない。リヨテもまたモロッコのメディナにヨーロッパ近代の歴史的時間が不用意に侵入することを許さず、それを永遠の相のもとに置こうと考えていたからである。[12]（傍点筆者）

じつのところこの時期のタンジェは、本章の冒頭でもふれたように、モロッコ事件の名でしられる仏独抗争の過程で国際管理下におかれていた。したがって、リヨテが指導したフランスの保護国としてのモロッコからは政治的にきりはなされていた。タンジェの後背地は、フランスがアルヘシラス会議で共同歩調をとったスペインの植民地とされた。スペイン領モロッコが、のちのリフ戦争の揺籃地であり、さらにスペイン内乱のさいにフランコ将軍が軍を進発させた地であったことは、先述したとおりである。しかしながら、20世紀初頭におけるモロッコ処分はやはり現代史の盲点といえる。スペイン統治下におかれた地域もまたフランスによる統治の影響をうけたことは当然のことであり、まして宗主国をもたないタンジールがある程度の自主性を尊重されたことは想像にかたくない。同じ四方田の著書には、モロッコ国内の各地とパリをむすぶバス路線が現在も存続していることへの驚きが率直にかたられている。フランスとスペインの管理下におかれたモロッコにとって、ヨーロッパとむすぶ鉄道と道路は最重要の物資輸送の生命線であり、いまも事情は大して変わっていないのだ。

リヨテのモロッコ在任中、かれにたいするフランス本国での評価は、あくまで「軍事的英雄」への賛辞でしかなかった。リフ戦争で一敗地にまみれ、ペタンに後事をたくしたリヨテには、今度は「文明の保護者」としての顔があたえられた。それには、もちろん植民地博覧会の組織委員長の職責が大きくあずかっている。まさに一国の元首にふさわしい役どころだった。モロッコでリヨテの周囲にあつまってきた人材（エキップ・ド・リヨテ）のなかには、フランス本国でも重要な使命をになう者が出て、第2次世界大戦後の計画経済を先取りしたともいえるほどである。ほぼ同時期のアメリカ合衆国におけるニュー・ディーラー（ニュー・ディール政策を推進した革新派の官僚やエンジニア）の活動にもつうじる、20世紀の「文明化の課題」への挑戦である。

リヨテ以後のモロッコの政情を簡単にふりかえっておこう。リフ戦争終結のあとも、山岳地帯では聖戦（ジハード）をさけぶ民衆の抵抗がつづいた。１９３４年までにはそれはやんだものの、今度はスルタン政府部内で改革派（コミテ・モロッコ）の勢力が強まる。現地の情勢が流動化するなかで、リヨテは隠棲地で死去する。ラバトにその霊廟が建てられ、元帥の遺骸はモロッコにうつされた。

三　リヨテ伝説の変容

第2次大戦後にはフランスの植民地支配自体が動揺し、アジアでもアフリカでも短時日の間に瓦解する。そこでリヨテの貢献がわすれられたかというと、逆にその存在感をますような出来事がおこった。モロッコ保護国を解消するにあたって、リヨテの薫陶をうけたシャルル・ノゲス元将軍には微妙な政治判断がゆだねられた。フランスの面子をうしなうことなく、モロッコを独立にみちびくという役割である。[13] ひきつづいて、アルジェリア独立にからんで第5共和政をたちあげたシャルル・ドゴールが、リヨテの遺骸をフランスに帰還させることをきめた。1961年にそれはラバトの霊廟からパリの廃兵院（レ・ザンヴァリッド）にうつされた。第5共和制をたちあげて大統領に就任したドゴールは元帥の遺骸にむかって、「いま一度祖国のために働いていただきたい」とかたりかけた。[14]

ドゴールはリヨテに何をたよろうとしたのだろうか。たんなる追憶というにしてはナイーヴすぎる反応である。イスラム世界との架け橋というだけの意味なら、他にしかるべき人材もあっただろうし、フランスと中東との歴史的な関係をもちだすことも可能である。リヨテは露骨な植民地主義者ではなく、本国の利害からも保護国の内部事情からも超然としていた。そうした強烈な印象が、アメリカ合衆国を軸として再編成された冷戦構造下の国際政治において、フランスに利するところがあるとみたからに他ならない。

ドゴールの政界引退とともに、リヨテのイメージもしだいにうすれていったのだが、1980年代に入ると、にわかにブームといってもよい状況となった。フランス・モロッコ関係史の碩学J＝L・ミエージュの流れをくむプロヴァンス大学の海外事情研究所やD・リヴェといった新進の研究者によるモロッコ保護国の政治状況や社会経済政策の検証が、その中核となった。[15] しかし、それだけでは説明のつかないこともある。ひとつには、ヨーロッパ統合の進展を前に、フランスがもはや一国の枠内で過去の歴史をふり返ることができなくなったという事情もあずかっているだろう。リヨテの人となりは、もはやフランスの元帥としてではなく、ロレーヌ地方の大公の末裔として描かれることになる。

いまひとつの理由として、帝国主義の時代にあえて外地に活路を見出そうとした人びとの動機を解明しようとする意識がある。たとえば、イギリス帝国拡大の先兵となったセシル・ローズ、第1次大戦でオスマン＝トルコの後方を攪乱したトマス・エドワード・ローレンス（アラビアのロレンスとしてしられる）のいずれもがホモセクシュアルだったという事実がある。かれらは部族的な社会が奉ずる「男らしさ」に憧れの念をいだき、その意味で現地の習俗にたいする敬意があったということだ。そうした脈絡のなかで、Ch・ギュリの『リヨテ＝シャルリュス』（1998年）をよむと、従来の研究史の見落としも明らかとなる。[16)]

シャルリュスとは、マルセル・プルーストの『失われた時を求めて』（1913年～27年）に登場する、社交界の大立て者シャルリュス男爵をさす。この虚構の人物を、そっくりリヨテにあてはめてしまうのは大いに問題がある。なぜなら、シャルリュスのモデルはモンテスキュー＝フザンサック伯爵とされることが多いからだ。とはいえ、シャルリュスの風貌にはリヨテのそれが反映されていることも確かである。なによりも興味をひくのは、リヨテの伝記を書いたアンドレ・モロワにたいするギュリの評言である。時代の制約もあって、周囲には隠れのない事実が、モロワの筆ではまったくふれられなかった。しかしモロワも晩年には、リヨテの性癖がモロッコという若い国へのこだわりの根底にあったとみとめたということだ。[17)]

そういえば、小説のなかのシャルリュスもまた、（領地とのつながりでいえば公爵でも子爵でも名のれたにもかかわらず）フランス最古の男爵家の相続人としてのプライドに生き、社交界での見せかけの恋のなかに人間関係の本質をみようとした。そうした意味で、シャルリュスは根っからの貴族だった。

シャルリュス氏の理想がひどく人為的なものであることは、――この人為的なという形容詞を、社交的な、芸術的な、という形容詞と同様に、理想という語にむすびつけて用いることができるとすれば、彼の理想が人為的なものであることは――なんといっても事実であった。[18)]（井上究一郎訳）

凡庸さが支配した第3共和政期にあって、高位の貴族としての公共的役割を意識したのがアルベール・ド・マンだった。マンはリヨテの母方の縁戚にあたり、マンが軍籍をはなれてからも二人は行動を共にすることが多かった。しいてシャルリュスのモデルをさがすとなると、いかにも個性的なモンテスキュー＝フザンサックに対抗できるのは、マンとリヨテのコンビということになる。ホモセクシュアルということだけに論点をしぼれば、個人の性癖ということで片づけられてしまう。しかし、古風な「男らしさ」を追求するために、前近代社会の気風をのこすイスラム社会にひきつけられたとなると、本国と植民地の関係を見直すきっかけになる。リヨテはモロッコ人の若者をつねに周囲にはべらし、かれらのブロンズ色の肌をめでたといわれる。ベルベル系の部族長にたいしては、互いに「選ばれた者」としての同等の意識で接した。そのため、ワルサザードの太守グラウィーなどは終生フランス国家に忠誠をちかったほどである。[19] いささか時代錯誤的というか、端的にいえば歴史観がゆがんでいるといわざるをえないが、同時代の市民社会のモラルを越えたところで両者は共感したに違いないのだ。

　コロニアル・デザインというと、たとえば植民地時代の北米イギリス領で発展した独自の建築や日常生活のあり方や、王朝時代の西インド・フランス領のクレオール文化などをおもいうかべる。そこでは本国以上に本国らしさを追求するのあまり、結局はどこにも存在しない奇態な事物が出現した。あえてコロニアル・スタイルという文化現象を定義すると、真似から発して独自の文化をはぐくむということになる。[20] おそらくはリヨテにとって、モロッコ保護国は現代と中世の社会の長所を集約した理想郷だったに違いない。モロッコふうのコロニアル・デザインとは、したがって旧市街（メディナ）と新市街（フランスふうの町並み）を並列させるものになった。旧都フェズとマラケシュは

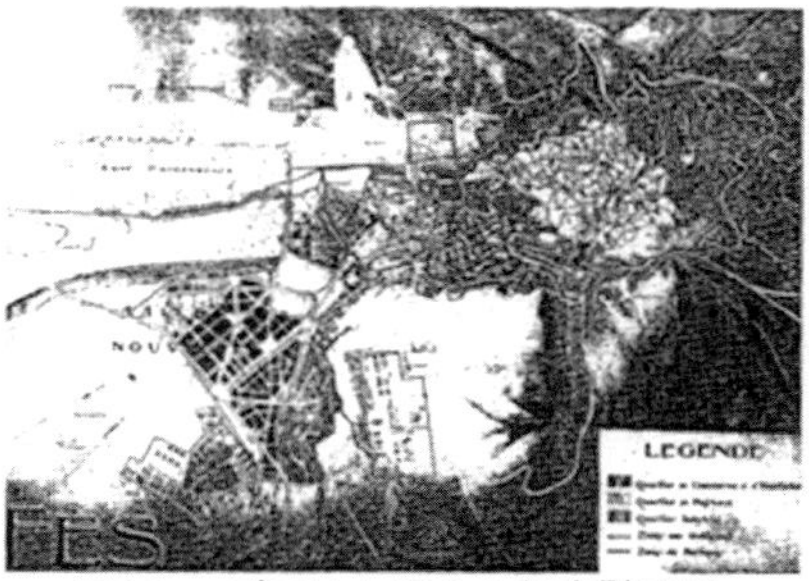

図10c　プロストによる都市計画図
フェズとマラケシュ

その成功例といえ、ともにいまは世界遺産に指定されて観光の名所となっている（図10c前頁）。スルタンと駐箚官が席をゆずりあい、アラブ人とベルベル人とユダヤ人が互いの領域をおかすことなく生活し、ヨーロッパ系の住民のあいだでは支配者たるフランス人といえども特権的な地位にあまんずることのない、そうした社会組織がもとめられたことは間違いない。

しかし都市計画ひとつとってみても、理想どおりに事ははこばなかった。あらたに行政の中心となったラバトは整然とした町並みをみせるが、本国からの客をうけいれる玄関口であるカサブランカは、商業・工業の中心として拡大をつづけた。そこでは新旧二つの旧市街の周囲にスラム街が形成されてしまう（図10c-bis）。フランス政府が諸民族の交流をのぞまなかった結果、アラブとベルベルとユダヤの分断状況はいっそう深刻化する。少なくとも保護国時代には誰のための政治的組織かという大問題にたいして、現地の支配層は明確な答えをだせなかった。[21] 中途半端な近代化は、原住民であるとヨーロッパ系であるとにかかわらず、一般民衆のあいだで貧富の差を拡

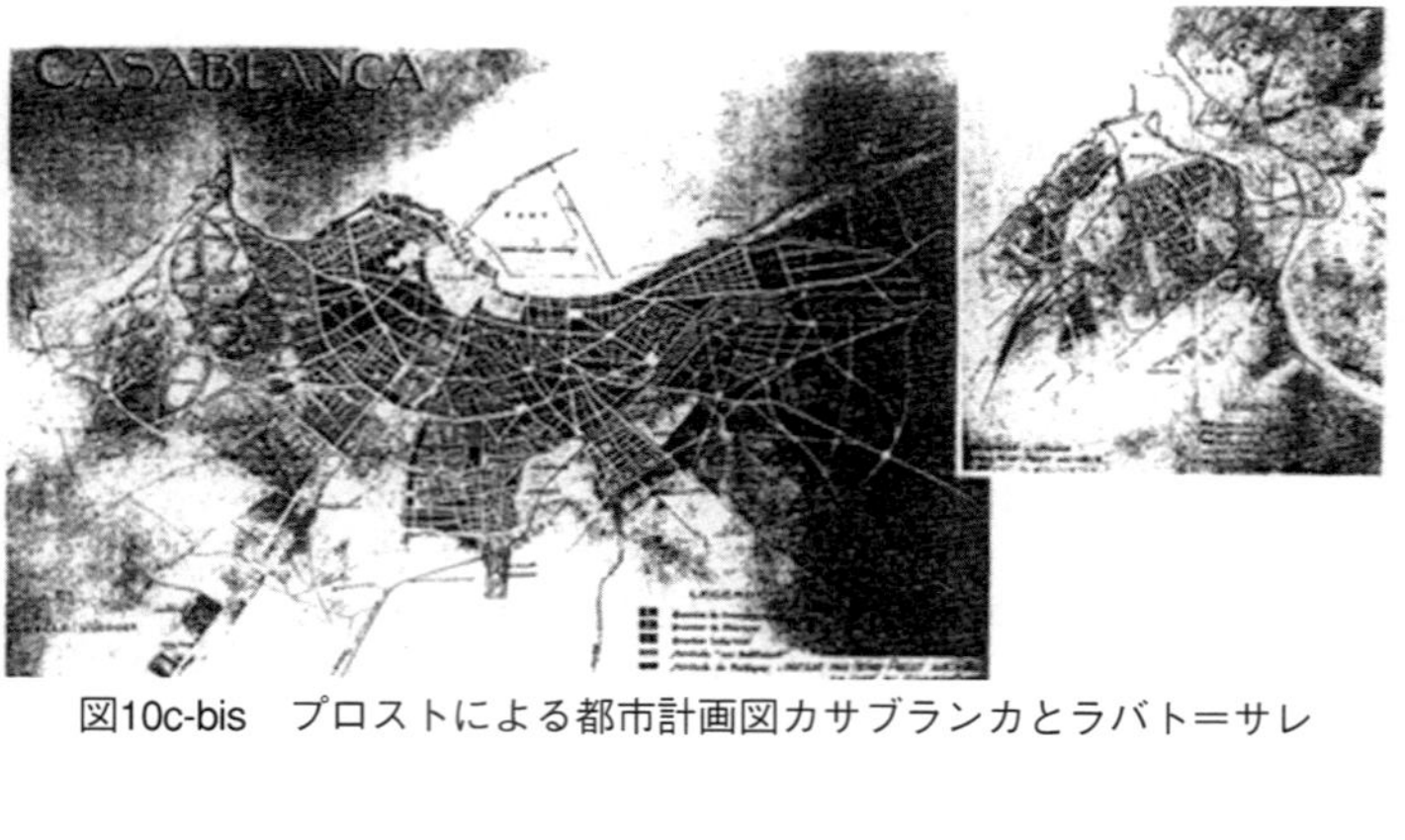

図10c-bis　プロストによる都市計画図カサブランカとラバト＝サレ

大させた。本国での軍事英雄としての評価とは裏腹に、実際に君臨したモロッコで、ヨーロッパ系であるとアラブ・ベルベル系であるとにかかわらず貧しい住民のリヨテ評は散ざんなものだった。

コロニアル・デザインとは、たしかに本国と植民地の交配によって成立したものでありながら、そのどちらにも属さない異質さが売り物である。ユニヴァーサルな価値観ともエスニックな固有性とも無縁ではあるが、コロニアルそのものにこだわる個人は歴史の正統性を議論する風潮のなかで埋没し、その理念を継承する新たな個人の出現を期待できない。そもそもコロニアル・デザインというものは、それが成立したときには本家を自認する人びとから酷評され、後世からふりかえると雑種文化という以上の新鮮味が言上げされる。あえてそうした風潮に棹さそうという個人は、かれが生きていた時代においては風変わりな存在としかみられない。そうした人物にあらためて光があてられるということは、現代の側に非正統的なる歴史を利用する必要があるからなのだ。[22]

補論　感性と身体

一 客体としての身体―心身問題

現代人は精神と身体の統合に腐心している。ルネ・デカルトによる両者の分離こそが近代人の精神形成の端緒にあったから（身心二元論、デカルト自身はみずからの身体の養生には人一倍気を使っていたにもかかわらず）、およそ実現不可能な課題なのだが。ところで、〈こころ〉と〈からだ〉をつなぐ媒介項として、感性（サンシビリテ）という言葉がフランスの近代精神史で特別な意味をもっていたという事実がある。フランス語でいう感性は、革命期前後から19世紀中ごろまで論議の的となったものの、次第に舞台脇に退いていく。とはいえ、近代における感性が身体になげかける課題は、形を変えて現在にもおよんでいる。この項では、感性と身体の関係から垣間みえる近代史を、身体についての具体的な認識をとおしてふりかえっていこう。そうした作業は、感性の名において社会になげかけられた課題を現時点で総括し、今後の展開を予測することにもつながる。

近代において身体を客観的にみつめようとした最初は、観相術（フィジオノミー）である。スイス出身の牧師ヨハン・カスパル・ラーヴァターは、「南方の博士」（マグス・イム・ズーデン、スイスがドイツからみて南方に位置するから）と称された博識家である。大陸各地を遍歴したラーヴァターは、影絵の方法をかりて著名人の姿をうつしとったうえで、過去をみとおし、あわせて未来を占うことができたといわれる。

話かわって、こちらはいささか見世物じみてはいるが、ベルギー出身で物理学者（フィジシャン）を自称するロバートソン（本名エチエンヌ・ガスパール・ロベール）は、ファンタスマゴリーという一種の幻灯を発明し、革命の犠牲者たちの似姿を虚空にうかびあがらせた。19世紀前半のパノラマ隆盛の時代につながる映像表現の前史ということになる。ロバートソンの幻灯は、理不尽な死を前にした人物の苦悶の表情を再現したという点で、身体史的な観点からも興味深い見世物である。

著名な戦闘場面や異国の情景をうつしたパノラマの全盛期にかさなって、人間の表情を克明にとらえたカリカチュアがフランスで大いに流行した。オノレ・ドーミエの才筆は凡庸な目にも明らかだが、筆者はドーミエの先輩格にあたるJ・J・グランヴィル（本名ジャン・イニャス・イジドール・ジェラール）の画業にひかれている。グランヴィルはとくに動物の擬人化を特異とし、なかには動物から人間への顔相の変化を追ったものがある。これは当時流行した骨相学（フレノロジー）の理論にもつうじ、外形の特徴から人間性を占うという行為につながる。それは浅薄な人間の見方として退けられるのが常ではあるが、他者をみつめる目を意識したともいえる。

他者を見つめる目の冷静さは、また、心理学・精神病理学における人間の〈こころ〉の深層をほりさげようとする意志にもつながる。20世紀初頭のアメリカ心理学の分類にもとづく「知能欠陥」の三段階、すなわち魯鈍（モロニティ）、痴愚（インベシリティ）、白痴（イディオシー）の区分は、精神作用を客体化しようとした試みの延長に位置づけられる。外から観察した特徴にたいして、かならずしも客観的とはいえない物差しをあてただけなのだが。知能欠陥は精神遅滞と呼び名が変わり、IQテストの結果に三段階を結びつけて、いかにも人間の能力に正規分布が存在するようにみせた。そのIQテストが、たとえば学校成績の五段階評価と同じく、母集団との関係において客観的な指標たりえないことは明らかである。アメリカの心理学者H・H・ゴダードによって定式化された「知能欠陥」は、のちに「精神遅滞」と名を改め、IQ100以下の指数に関連づけられる。これらの学説は20世紀の精神分析学の先駆になったともいえるが、能力評価の方法を評価するとなると、さほど有効ではなかったとしか思えない。しかし、パリ警視庁の局長アルフォンス・ベルチヨンの名を歴史にとどめるベルチヨン法にも似て、ここでは、外形的基準こそ個人としての人間を特定する唯一の判断基準であると主張しているところに注目したい（人は「見てくれ」で決まる、と決めつける書物さえある）。

1880年代に開発されたベルチヨン法は、犯罪者とその手口を特定する方法として一世を風靡した。その方法に名をあたえたアルフォンスは、パリ統計学会の創設者アドルフ・ベルチヨンの次男だが、父や兄ジャックのように医者になれなかったため、ようやく警察に職を得たのだった。身体各部位、とくに顔面の形をもれなく計測するベルチヨン法は、愚直なまでに数値にこだわる。その煩雑な手続きのためにじきにすたれたのだが、徹底的なデータ集積の方法は、たとえば犯罪捜査の領域でプロファイリング（FBIファイルなど）として現在も生きている。人間の身体的・精神的能力を外部から客観的に評価できるという考え方は、イギリス人フランシス・ゴルトンによる天才の研究や、ベルギーの統計学者アドルフ・ケトレーによる身体計測（アントロポメトリー）を源流とする。指紋押捺法（元はイギリスのインド統治の経験からあみだされた）などの人体認証（バイオメトリクス、いまでは掌紋、静脈パターン、さらにＤＮＡ解析にまで広がる）が精緻化される一方で、特定の人間集団の知能を標準化できるとする五段階評価やＩＱテストが絶対視される傾向が生まれる。

シグムント・フロイトに影響をあたえたナンシー（東部フランスの市）学派の夢判断、あるいはフロイトに先行しながら世界的な評価はえられなかったフランスの精神病学者ピエール・ジャネの提唱による精神衰弱（俗にいう神経衰弱）は、ともに内面世界にふみこんだ記念すべき第一歩ということができる。明治期日本の知識人、とりわけ夏目漱石は「神経」に異常なまでの神経をつかった。実際に彼が命をおとしたのは、おそらく神経症に由来する胃潰瘍、文字どおりの「気で病む病」である。「精神」は儒学の教えにも出てくる古い漢語だが（「精神一到何事か成さざらん」、朱子学の開祖である朱熹の言葉）、近代日本の「神経」は東洋医学の伝統における経脈の発想をひき継ぎながら、神ならぬ人の意志ではどうしようもない超自然的な力を感得していたのだろう。「神経」を「精神」といいかえたところで、神という字をそのまま継承しているかぎりは、意識がさらなる近代化をとげたとはいえない。

具体的な事物に拘泥するかにみえる近代精神は、外にむけてのかぎりない身体の膨張、すなわち欲望の増大のために、内側に精神神経症という大きな空洞をうがっていった。フランスではすでに革命直前の時期、１７８０年代前半に磁気術（メスメリズム）の流行があり、不定愁訴をかかえた貴夫人たちの間で大流行したという。それは心身症の研究にもつながって、最終的には20世紀の精神分析の隆盛にいたる。〈こころ〉と〈からだ〉の結節点で、外面から観察するだけにしてもその存在を否定できない、みえない精神の回路が発見された。もともと集団としての人間の群れを観察することを目的とする教育学の観点では、とうてい個人としての懊悩はすくいあげようがない。精神分析においても、「肛門期」「口唇期」などのフロイト学説やジャック・ラカンの「鏡像段階」のように、〈こころ〉の発達についての一般原則が個人の行動にどのように反映するかは、それこそ行動の表層における個人の社会的な関与の仕方に規定される。たとえば、ロボット工学にも関連する歩行についての原理的考察は、特定の個人の歩き方を規定はしても、全面的に規制することはできない。あるいは、生理学的に生体の機能が検証されたとしても、個人の運動能力には相かわらず微妙な差がのこる。たとえば、身体能力にほとんど差がない最高レベルの競技者の間では、結局のところメンタルな要素が重視されるように。

そこで、次項では個人の身体を社会化する場としての記憶や認識のあり方について考えてみよう。

二　主体としての身体──記憶のメカニズム

18世紀の磁気術と同じく、これまた19世紀の擬似科学としての骨相学に由来する考え方のひとつには違いないのだが、現代の脳科学への言及と期待は前代をしのいでいる。これまでの知見を総合すると、人間の記憶をたもつメカニズムは六層の蜂巣（ハニカム）構造をなす細胞によって維持されているという。記憶喪失の症状としてしられるように、三次元で配列された脳の記憶にかかわる細胞群がなんらかの理由で破壊されると、データが不連続、ときには縞状に失われることになる。認識の根源を深く探求する現象学を開拓したエドムント・フッサールは、知識や思考を人間存在の拠り所とするデカルト的コギト（「人間は考える葦である」）に反省を迫った。フッサールは逆に、生活世界の明証性を人間存在、ひいてはヨーロッパ文明の卓越性の拠り所としているようにみえる。目の前にあるカクテル（パイプでも同じこと）について語ることができるのは、やはり語る主体の経験を基盤とするしかない。存在そのものに大いなる疑問をなげかけたマルティン・ハイデガーと決裂したフッサールは、やがてナチズムとの軋轢の過程でヨーロッパ精神史の見直しを迫られることになる。いわゆる「後期フッサール」の思考を直接に受け継いだのが、モーリス・メルロ＝ポンティである。哲学での独仏交流は近代史では例外的なのだが、現象学にかぎっては実り豊かな思想をもたらした。メルロ＝ポンティはコギトにくわえて身体性（コルポレイテ）そのものを存在の証とするのではなく、認識や身体のゆらぎに感性の拠り所をもとめた。そこでは知的な営為は後景にしりぞき、感性的な事柄、感覚的な言葉（キアスム＝交叉配列、あるいは存在の裂開＝デイサンス）が前面に出てくる。

哲学史の講義は思想の系譜学であるかぎりにおいて知的たりうるかもしれないが、その方面の知性は、神の気まぐれとも思える近い将来を展望するには無力である。かといって、系譜を論じなければ（歴史学でいえば年代順に出来事を配列しなければ）、読者の目にはすべてが混沌としているとしかみえない。遠い将来をみすえるには系譜学は有効である。なぜなら、行きつ戻りつする出来事も、最終的にはおさまる所（世界帝国の帰趨、世界経済の覇者、あるいはゲームの勝者の思惑どおり）におさまるのだから。「現象学的還元」を俗にいえば、目先のことにとらわれず大局をみよ、という教えにつながる。身体論的にはそれを、現時点で自分の身体にとって心地よいことをせよ、と読みかえることができる。それは継続的な努力を前提としない。ましてや、将来の夢のために現在を否定せよ、とは絶対にいわない。たとえば、世間に通りの良い大学に合格するために勉学にはげむ、という立場は否定されなければならない。大学の評価は移ろいやすいものである。なによりも肝心なのは、大学への合格だけを目的としていることを受験者本人が忘れている。就職をめざす場合も同様である。筆者の世代の経験にてらしても、東京証券取引所第一部上場企業の顔ぶれは、この半世紀間は当然のことながら、ここ十年間をみても大幅にいれかわっているではないか。

なによりも、将来の夢が本当に自分自身のいだいた夢かどうか、が問題である。勉強そのものが好きというのも別の問題をひきおこしそうではあるけれども、きらいな勉強をすることでバラ色の未来が開けてくるなどと思っていると、その未来がきたときにかならず裏切られる。動きのにぶい歴史学においてさえ、「心地よさ」（コンフォール、英語のコンファタビリティ）についての研究が登場するようになったことを付記しておこう。心地よい生活とは、たとえばフランス語で「望ましい生活の標準」（ニヴォ・デュ・

コンフォール）という言い回しがあるように、もっぱら安楽な日常生活を意味することになる。これは「生活水準」（ニヴォ・ド・ヴィ）という言葉とひびきあい、経済史的には工業化によって実現された豊かな生活という含意がある。それに対抗するのが産業革命による窮乏化をうたう説である。感性にかかわる歴史をたどって、最後に安楽な生活をとがめる意図は毛頭ない。ただしかし、安逸にながれて自己の存在を疑うことをやめたとき、実態のない他者による人格支配に身をゆだねることになる、といっておこう。

以上にのべてきたように、感性の歴史、ひいては認識の懐疑論は、そのまま近代人の自己と他者の相互侵犯の過程をなぞってきた。自己の感性を自由に飛翔させようとして、結局は社会システムの自己運動にまきこまれてしまう、というのが現代人の陥りやすい感性の罠である。そうした意味から、商業主義や大量消費社会をあげつらう現代思想家たちの非難の声はやまないが、本稿の趣旨にてらして、そうした思想家たちの批判をそのまま鵜呑みにすることもまたできない。いやしくも哲学者とよばれる人たちは、市井の人びとのちょっとした快楽に目くじらをたてたりはしないものだ。

三　身体性の回復―新たな公共性の核心として

正直なところ、西洋史研究者である筆者はこれまで、哲学的な思考をするした文章を、せいぜい出来の良い寓話（アネクドート）か警句（アフォリズム）としかとらえられなかった。事件関係者による証言を第一次史料などとして尊重するように、歴史学は具体的な事物に拘泥する。とはいえ、すぐれた古典とされる歴史書はほぼ例外なく、同時代の移ろいやすい感情をすくいとることにこそ意をもちいてきた。研究の素材に階層性をあたえること自体が、近代を特徴づける価値意識の産物なのである。ひと言でいえば、史料に一次も二次もない。それらは偶然によって現代にもたらされ、さらなる偶然によって将来に受け継がれるのだから。実のところ、いまみえる過去は過去そのままではありえないし、現在もまた、そっくりそのまま将来にうけつがれるわけではない。従来の歴史理論がおしえるところを忠実になぞれば、過去はあくまで現在の必要にとっての過去でしかない、ということになってしまう。

近代史の過程で感性がどのように認識されてきたか。そうした問題設定によって、現在の感性はどのように次の世代に受け継がれるかという問いに、誠実に対応できるようになる。すべては感覚のおもむくまま、というのでは答になっていない。共同幻想というのも隔靴掻痒、あるいは時代遅れの感がある。そこで、現象学的にとらえなおされた認識論が重要になる。つまりは生身の〈からだ〉が受け止めることのできる具体的な経験（生活世界）でありながら、同時に不特定多数の〈こころ〉にからみつくような抽象的な観念（間身体性）が要請される。現代思想家はしばしばファッションやモードに関心がないどころか、むしろ商業主義として敵対的な態度をとりがちだが、現象学的に流行現象をとらえれば、それこそが人間の存在を証ししていることになる。

フランス独自の感覚論の哲学による感性の発見は、ルネサンス以来の人文学を人間科学および社会科学として再編成する契機となった。しかし、感性は身体を媒介として表現されるため、科学知と歴史知を重んじる近代史の過程で否応なく表舞台から遠ざけられてしまう。感性はすぐれて都市的な環境のもとでみがかれた（感性の都市化）のだが、近代は社会を都市的環境として整備しつつ（都市社会化）、いつか身体そのものにたいする意識を希薄化させるにいたった（大衆社会化）。人口学や社会統計の対象となる「集合的身体」の側はいわずもがな、それを操作する側にしても、身体の表象様式が変化してきたことを明確に意識することのないまま、ひたすら感覚の解放をもとめてきた。その結果が、身体にたいする感覚の鈍磨、というのも歴史の皮肉である。現代では身体はもっぱら癒されるべきモノとして、あるいは苦痛をかかえた重荷としてしか意識されない。これでは、肉体を魂の牢獄とみなしたキリスト教的中世に逆戻りしたようなものである。

とはいえ19世紀フランスにおこった監獄論争における独房拘禁や道徳衛生主義の発想がそのままの形では実現できなかったように、「集合的感性」を支配しようとする側の思惑どおり事がはこんだ試しはない。20世紀の全体主義の政治家たちにしても、情況の読みは鋭かったかもしれないが、その推移を冷静に判断できたわけではない。商業主義の最前線にある人たちは、現代人の感性を自由に操ることができないことを十分にわきまえている。何が世間に受け入れられ、何が退けられるか。いったん退けられたようにみえても、いずれ復活することがあるかもしれない。ここでは浮かぶか沈むかの基準をもうけること自体が意味をなさない。つまりは、現代人に受け入れられるためには、その感性に効果的に働きかけなければならないということ。それを理性的に処理できない、つまりは単純に数量化できないからこそ、情況にふりまわされているように感じるのだ。もしコトがデータどおりに運ぶのならば、経済学者や評論家は必要ないということになる。情況をつくっていけると思ったときには、かならず情況そのものから強烈なしっぺ返しをくらう。情況とともにあゆみ、現代人の感性を個人として共有できた時点で、商業と物質と精神の幸せな邂逅の場面がおとずれるだろう。それが現代における新たな公共性の根拠ともなる。

ひるがえって、大多数の人びとと感性を共有できるというのは幻想であり、まずは特定のグループとそれを分かちあえるだけで良しとすべきである。工業化や商業主義の名においてさえ、工場や市場が制御できないほど過熱した場合には、生産ラインや流通に混乱がもたらされるだけである。流行を発信する側には、自己の内なる他者性に思いをいたしながら、それでいて大多数の中に埋没しないだけの心構えがもとめられる。18世紀の感覚論から、19世紀の内面世界の探求を経て、20世紀の現象学へと受け継がれた人間学の課題をひらたくいえば、こうなるだろう。大衆社会状況のなかでいやしくも個人として生きていくためには、群れの中に埋没してはいけないということ。そのような〈こころ〉の構えを身体史にてらしていいかえれば、自己の身体の都合に忠実であれ、という教えにつながる。感性の歴史はまた身体の歴史でもある。そこに感性、身体、および両者の関係のなかで成立する普遍性がある。自分の

〈からだ〉の都合を裏切ってまで世間に迎合すると、世間に奉仕するという崇高な目的があったにしても、かならず自分を、また世間をあざむくことになる。世間の常識を批判しながらも、それと共に歩む態度と方法を教えるのが、日本における社会史研究の開拓者である阿部謹也による「世間論」である。史料に耽溺するのを良しとした西洋史研究者の間から、現代の人間（人の間と書いて「じんかん」とも読める、時の間、空の間、そして人の間で営まれる歴史の三次元構成を考えている）を論ずることのできる人物が出たことを素直に喜びたい。

注および主な参考文献

第一章　宮廷バレエから古典バレエへ

1) M=F・クリストゥ『バレエの歴史』佐藤俊子訳、白水社（クセジュ文庫）、１９７０年。M・フォンテーン『ザ・マジック・オヴ・ダンス（バレエの魅力）』湯河京子訳、新書館、１９８６年。PASTORI Jean-Pierre, *La danse*, 2 vol., Paris, 1996/97.

2) 清水裕之『劇場の構図』、鹿島出版会、１９８５年、第2章「劇場形態の歴史的展開」を参照。

3) CHRISTOUT Marie-Françoise, *Le ballet de cour au XVII*e *siècle*, Genève, 1987, p.44 et passim.

4) BURKE Peter, *The Fabrication of Louis XIV*, New Haven/London, 1992. J=M・アポストリデス『機械としての王』水林章訳、みすず書房、１９９６年。

5) モリエール『町人貴族』鈴木力衛訳、岩波文庫、１９５５年。P・ポーサン『ヴェルサイユの詩学』藤井康生訳、平凡社、１９８６年。

6) FEUILLET R.-A., *Chorégraphie ou l'Art d'écrire la danse par caractères, figures et signes démonstratifs*, 1700, réimp., Hildesheim/New York, 1980; MAGNY Claude-Marc, *Principes de chorœgraphie*, c.1710, réimp., Genève, 1980.

7) MENESTRIER Claude-François, *Des Ballets anciens et modernes selon les règles du théâtre*, réimp., Genève, 1972.

8) LETAINTURIER-FRADIN Gabriel, *La Camargo 1710-1770*, Paris, 1908, reprod., Genève, 1973.
9) G・ノヴェール『舞踊とバレエについての手紙』小倉重夫訳、冨山房、1974年。
10) VÉRON Louis, *Le Journal d'un bourgeois de Paris*, Paris, 6 vol., 1867.
11) W・シヴェルブシュ『闇をひらく光』小川さくえ訳、法政大学出版局、1988年。同書197頁以下の「舞台」ほかの項目を参照。
12) WILD Roger, et al., *L'art du Ballet des origines à nos jours*, Paris, 1952.
13) 小倉重夫『ディアギレフ〜ロシア・バレエ団の足跡』音楽之友社、1978年。GARAFOLA L.: *Diaghilev's Ballets Russes*, London/New York, 1989.
14) 石福恒雄『ニジンスキー』紀伊國屋書店、1979年。

第二章　パリ劇場通信

1) R・D・オールティック『ロンドンの見せ物』小池滋監訳、国書刊行会、1990年、IIの143頁以下。
2) J・ウェクスラー『人間喜劇、十九世紀パリの観相術とカリカチュア』高山宏訳、ありな書房、1987年。
3) TEXIER Edmond, *Tableau de Paris*, I, Paris, 1852, p.19. また、シヴェルブシュ前掲書、222頁以下。
4) 横江文憲『ヨーロッパの写真史』白水社、1997年。
5) 髙木勇夫「帽子屋パチュロと二月革命」『名古屋工業大学紀要』48巻、1996年、33頁以下。
6) 髙木勇夫「近代が生み出した「からだ」のかぶき」『体育の科学』47号、1997年、534-539頁。

7) SIMOND Charles, *Paris de 1800 à 1900 d'après les estampes et les mémoires du temps*, 3 vol., Paris, 1900.
8) 《Cham》 in OSTERWALDER Marcus, *Dictionnaire des illustrateurs 1800-1914*, Neuchâtel (Suisse), 1989.
9) SEBAN Michel, dir., *Lieux de spectacle à Paris. Abris et édifices*, Paris, 1998; CHAUVEAU Philippe, *Les théâtres parisiens disparus*, 1402-1986, Paris, 1999.
10) GENGEMBRE Gérard, *Le théâtre français au 19e siècle (1789-1900)*, Paris, 1999.
11) *Paris romantique. Panorama des grands boulevards*, Paris, 1989.
12) P・ブルックス『メロドラマ的想像力』四方田犬彦・木村慧子訳、産業図書、２００２年。
13) YON Jean-Claude, *Eugène Scribe, la fortune et la liberté*, Saint-Genouph, 2000.
14) *Souvenirs de Frédérick Lemaître*, publiés par son fils, 2e éd., Paris, 1880, reprod., Genève, 1973.
15) CŒURÉ Cathérine, prés., *L'auberge des Adrets et Robert Macaire*, Grenoble, 1966.
16) ADHÉMAR Jean, prés., *Daumier, Les gens d'affaires (Robert Macaire)*, Milano, 1979.
17) ガスパール・ドビュローについては絵姿がのこるだけだが、息子のジャン=シャルルがピエロの舞台で評判をとったポーズをとる写真が次にみえる。HAMBOURG Maria Morris, HEILBRUN Françoise et NÉAGU Philippe, *Nadar*, New York, 1995, pp.224-227, plates 6-20.
18) W・デームリング『ベルリオーズとその時代』池上純一訳、西村書店、１９９３年。
19) 『チェッリーニ自伝』上下、古賀弘人訳、岩波文庫、１９９３年。
20) 小宮正安『オペラ楽園紀行』集英社新書、２００１年。

第三章　人文主義とスポーツ

1) 松本芳明・野々宮徹・髙木勇夫（編）『近代スポーツの超克〜ニュースポーツ・身体・「気」』叢文社、2001年。

2) 石井研堂『明治事物起源六・農工部・軍事部』ちくま学芸文庫、1997年、470頁。

3) 「オ・パ、キャマラド！」（Au pas, Camarades!）の原曲の由来は不明。読者のご教示を待ちたい。

4) F・ラブレー『ラブレー第一之書・ガルガンチュア物語』渡辺一夫訳、岩波文庫、1973年、250-258頁。

5) 同、288頁。

6) 佐藤賢一『双頭の鷲』上下、新潮社、1999年／新潮文庫、2001年。

7) 『19世紀ラルース』の「デュ・ゲクラン」および「デュゲクランの身代金あるいは14世紀の習俗」（La Rançon de Du Guesclin ou les Mœurs du XIVe siècle)の項を参照。

8) CHANCEL Jules, éd., *Les grands moments du sport*, Paris, 1997, pp.30-31.

9) Id., pp.66-67.

10) GAUTHIER Théophile, *Capitaine Fracasse*, 1863. フラカス（イタリア語ではフラカッソ）はイタリア起源の笑劇コンメディア・デラルテに登場する人物類型の一人で、軍人（カピテーヌ＝隊長）の典型として物笑いの種を提供する。

11) CHANCEL, op.cit., pp.140-141; MONESTIER Alain, *Les conquérants de l'Olympe. Naissance du sport*

moderne, Paris, 1996, pp.66-69.

12) MUTHS Lucien, 《la lutte gréco-romaine》 in DAUVEN Jean, dir., *Encyclopédie des sports*, Paris, s.d.[1961], pp.305-311.

13) 山本浩『フットボールの文化史』ちくま新書、１９９８年。

14) 松井良明「失われた民衆娯楽」、有賀郁敏ほか『近代ヨーロッパの探求８・スポーツ』ミネルヴァ書房、２００２年、１３２-１３３頁。

15) BANCEL Nicolas et GAYMAN Jean-Marc, *Du guerrier à l'athlète. Éléments d'histoire des pratiques corporelles*, Paris, 2002.

16) MONESTIER, op.cit., pp.52-54.

17) SUGDEN John & TOMLINSON Alan, *FIFA and the Contest for World Football. Who Rules the Peoples' Game?*, Cambridge/Oxford, UK/Malden, MA, 1998.

18) CHANCEL, op. cit., pp.98-99.

19) id., pp.114-115 et pp.128-129.

20) 稲垣正浩『テニスとドレス』叢文社、２００２年、２３５-２４０頁。

第四章　下着とジェンダー

1) 「湯女のスポーツ」、稲垣正浩・野々宮徹・寒川恒夫・谷釜了正『図説スポーツの歴史～「世界スポーツ史」へのアプローチ』大修館書店、1996年、23頁。

2) E・フックス『風俗の歴史』安田徳太郎訳、9巻、角川文庫、1968-72年。

3) 木島俊介『ヨーロッパ中世の四季』中央公論社、1983年。『ベリー公のいとも豪華なる時祷書』岩波書店、2000年。

4) D・ランデス『西ヨーロッパ工業史〜産業革命とその後1750-1968』1・2、石坂昭雄・富岡庄一訳、みすず書房、1980年。

5) 村上信彦『服装の歴史』3巻、理論社、1974年。

6) ドイツ語のロック(der Rock)はもともと男の上着のこと。英語の「揺れる」という意味の動詞ロックにつうじて、糸をつむぐさまをあらわしている。ホーゼ（der Hose）はパンティ・ホースのホースと同じで筒袴の意味、こちらはもともと性による限定はない。下着はウインターヴェフェ（die Unterwäche)、英語のウォッシュと同じで「洗い物」となる。

7) B・フォンタネル『ドレスの下の歴史〜女性の衣装と身体の2000年』吉田春美訳、原書房、2001年。

8) 『19世紀ラルース』の記述による。カテリーナは2代目のスフォルツァ公ガレアッツォ・マリアの私生児で、15世紀後半から16世紀初めにかけての人。

9) R・L・ピセッキー『モードのイタリア史』池田孝江監修、平凡社、1987年。

10) 北山晴一『おしゃれの社会史』朝日新聞社、1991年。同『衣服は肉体になにを与えたか』朝日新聞社、1999年、144頁。

11) P・フリッシャウアー『世界風俗史』3巻、関楠生訳、河出書房新社、1983年。

12) P・セッセ『服飾の歴史〜その神秘と科学』日向あき子訳、美術出版社、１９６７年。

13) VOVELLE Michel, éd., *La Révolution française, images et récits*, Paris, 1989.

14) 川北稔『工業化の歴史的前提〜帝国とジェントルマン』岩波書店、１９９２年。

15) P・ディビ『寝室の文化史』松浪未知世訳、青土社、１９９０年。戸矢理衣奈『下着の誕生』朝日新聞社、２０００年。

16) P・ペロー『衣服のアルケオロジー』大矢タカヤス訳、文化出版局、１９８５年。

17) 富山太佳夫『空から女が降ってくる』岩波書店、１９８５年。山田登世子『リゾート世紀末』筑摩書房、１９９８年。

18) L・レーボー『帽子屋パチュロの冒険』髙木勇夫訳、ユニテ、１９９７年。

19) E・シャルル＝ルー『シャネル、ザ・ファッション』榊原晃三訳、新潮社、１９８０年。

20) *ZOLA Emile, Au Bonheur des dames*, Paris, 1883.

21) C・サンローラン『女性下着の歴史』深井晃子訳、ワコール出版、１９８９年。

22) 武田尚子『下着を変えた女』平凡社、1997年。上野千鶴子『スカートの下の劇場』河出書房新社、１９８９年／河出文庫、１９９２年。

第五章　身体史としての女性史

1) 上野千鶴子『家父長制と資本制〜マルクス主義フェミニズムの地平』岩波書店、１９９４年。

2) HOFFMANN Paul, *La femme dans la pensée des lumières*, Strasbourg, 1976. B・ドゥーデン『女の皮膚の下〜十八世紀のある医師とその患者たち』井上茂子訳、藤原書店、１９９４年。
3) CORNEILLE Pierre, *Horace*, 1640.（P・コルネイユ『オラース』）
4) J・ラシーヌ『フェードル／アンドロマック』渡辺守章訳、岩波文庫、１９９３年。
5) モリエール「才女気取り」『モリエール全集・4』鈴木力衛訳、中央公論社、１９７３年。
6) A・ドゥコー『フランス女性の歴史1・ルイ14世治下の女たち』川田靖子訳、大修館書店、１９８０年。
7) GODINEAU Dominique, *Les femmes des milieux populaires parisiens pendant la Révolution française*, Thèse de doctrat, 1986.
8) D・ウートラム『フランス革命と身体〜階級・性・政治文化』高木勇夫訳、平凡社、１９９３年。
9) HARTEN Elde et HARTEN Hans-Christian, *Frauen, Kultur und Revolution*, 1988. tr. en français, *Femmes, culture et Révolution*, Paris, 1989. A・ブラン『女の人権宣言、フランス革命とオランプ・ドゥ・グージュの生涯』辻村みよこ訳、岩波書店、１９９５年。
10) 安達正勝『フランス革命と四人の女』新潮社、１９８６年。Y・リーパ『女性と狂気〜19世紀フランスの逸脱者たち』和田ゆりえ・谷川多佳子訳、平凡社、１９９３年。
11) S・シャルレティ『サン＝シモン主義の歴史』沢崎浩平・小杉隆芳訳、法政大学出版局、１９８１年。
12) SUE Eugène, *Mystères de Paris*, 10 vol., 1842-43.（ユジェーヌ・シュー『パリの秘密』）V・ユゴー『レ・ミゼラブル』豊島与志雄訳、岩波文庫、１９３７年・１９８９年。
13) TRISTAN, Flore TRISTAN-MORCOSO, dite Flora, *La tour de France*, 1843-44; SAND George, *La tour de France*, Paris, 1846.

14) DAUMIER Honoré, *Intellectuelles (Bas bleus) et femmes socialistes*, Préface de Françoise PARTURIER, Milano, 1992. 喜安朗（編）『ドーミエ諷刺画の世界』岩波文庫、２００２年。

15) Ｊ・ミシュレ『愛』森井真訳、現代思想社、１９７０年。引用は訳書の上15頁と１８７頁、そして下１３５頁から。同『女』大野一道訳、藤原書店、１９９４年。次の評伝も参照。MOREAU Thérèse, *Le sang de l'Histoire. Michelet, l'Histoire et l'idée de la femme au XIXe siècle*, Paris, 1982.

16) Ｌ・アドレール『黎明期のフェミニスム～フランスの女性ジャーナリスト（１８３０-１８５０）』加藤節子・杉村和子訳、人文書院、１９８１年。 ROLAND Pauline, et al., *Bagnes d'Afrique. Trois transportés en Algérie après le coup d'État du 2 décembre 1851*, Paris, 1981.

17) MICHEL Louise, *Mémoires*, Paris, 1970. LEJMAN Laurence, et ROCHEFORT Florence, *L'Egalité en marche. Histoire du mouvement féministe en France, 1868-1914*, thèse de doctorat, Université de Paris VII, 3vol., 1987.

18) Ｊ・ディディ・ユベルマン『アウラ・ヒステリカ、パリ精神病院の写真図像集』谷川多佳子・和田ゆりえ訳、リブロポート、１９９０年。 TRILLAT Etienne, *Histoire de l'hystérie*, Paris, 1986.

19) Ｊ＝Ｐ・アロン編『路地裏の女性史、一九世紀フランス女性の栄光と悲惨』片岡幸彦完訳、新評論、1984年。

20) Ｅ・Ｓ・エイベルソン『淑女が盗みにはしるとき、ヴィクトリア朝期アメリカのデパートと中流階級の万引き犯』椎名美智・吉田俊美訳、国文社、１９９２年。

21) Ｊ・Ｓ・ミル『女性の解放』大内兵衛・大内節子訳、岩波文庫、１９５７年。Ａ・ベーベル『婦人論』草間平作訳、岩波文庫、１９２８-２９年、改訳、１９７１年。モーガン（モルガン）『古代社会』青山道夫訳、岩波文庫、上・下、１９５８年・１９６１年。イプセン『人形の家』竹山道雄訳、岩波文庫、１９３９年・１９５９年。

22) Ｓ・ヴェイユ『重力と恩寵』田辺保訳、ちくま学芸文庫、１９９５年、１０６-１０８頁。WEILL Simone, *La condition ouvrière*, Paris, 1951.（ヴェイユ『工場日記』）。富原真弓『シモーヌ・ヴェイユ』岩波書店、２００２年。

23) Ｓ・ド・ボーヴォワール『第二の性』、Ｃ・フランシス／Ｆ・ゴンティア『ボーヴォワール　ある恋の物語』福井美津子訳、平凡社、１９８９年。

24) Ｂ・グルー『フェミニズムの歴史』山口昌子訳、白水社、１９８２年。ALBISTURE Maite, et ARMOGATHE Daniel, *Histoire du féminisme français du Moyen Âge à nos jours*, Paris, 1977;BETHKE Jean, *Public Man, Private Woman. Women in Social and Political Thought*, Princeton, 1981; FAURÉ Christine, *La démocratie sans les femmes. Essai sur le libéralisme en France*, Paris, 1985.

25) Ｊ・クリステヴァ『恐怖の権力～〈アブジェクシオン〉試論』枝川昌雄訳、法政大学出版局、１９８４年。

26) Ｅ・バダンテール『母性という神話』鈴木晶訳、筑摩書房、１９９０年（初め『プラス・ラヴ』として刊行される、サンリオ、１９８０年）。

27) Ｍ・ペロー編『女性史は可能か』杉村和子・志賀亮一監訳、藤原書店、１９９２年。この分野の先達であるデュビーとペローの呼びかけにこたえた研究者たちの業績に敬意を表したい。Ｇ・デュビィ／Ｍ・ペロー（監修）『女の歴史』杉村和子・志賀亮一監訳、全12冊、藤原書店、１９９３-９８年。

第六章　建築における古典とロマン

1) 若山滋『建築へ向かう旅』冬樹社、１９８１年・１９９０年。安藤忠雄『建築に夢を見た』ＮＨＫ出版、２００１年。

2)『ウィトルーウィウス建築書』森田慶一訳注、東海大学出版会、１９７９年、５頁。

3) ERLANDE-BRANDENBURG Alain et al., *Histoire de l'architecture française*, 3 vol., Paris, 1999. Ｊ・サマーソン『古典主義建築の系譜』鈴木博之訳、中央公論美術出版、１９７６年。

4) BOUDON Françoise et BLECON Jean, *Le Château de Fontainebleau de François 1er à Henri IV. Les bâtiments et leurs fonctions*, Paris, 1998.

5) PEROUSE DE MONTCLOS Jean-Marie, *L'architecture à la française, XVIe, XVIIe, XVIIIe siècles*, nouv. éd., Paris, 2001; Do., *Philibert De l'Orme. Architecte du roi (1514-1570)*, Paris, 2000; BLUNT Anthony, *Art and Architecture in France 1500-1700*, 2nd ed., London, 1978.

6) MILLON Henry A., dir., *Triomphes du baroque: architecture en Europe 1760-1750*. Exposition Montréal, Musée des beau-arts. 1999-2000, Montréal, 2000.

7) DASSAS Frédéric, *L'illusion baroque: l'architecture de 1600 à 1750*, Paris, 1999.

8) BRAHAM A. et SMITH P., *François Mansart*, London, 1973; *Mansart et Robert de Cotte*, Paris, 1979.

9) CONSTANS Claire et MOUNICQ Jean, *Versailles*, Paris, 1998.

10) PICON Antoine, *Claude Perrault ou La curiosité d'un classique*, Paris, 1988.

11) Ｊ・Ｆ・ブロンデル『ブロンデル建築序説』白井秀和訳、中央公論美術出版、１９９０年。

12) LAVEDAN Pierre, HUGUENEY Jeanne et HENRAT Philippe, *L'Urbanisme à l'époque moderne, XVIe-XVIIIe siècles*, Genève/Paris, 1982, pp.128-130 et pl.CXXXI.
13) GALLET Michel et BOTTINEAU Y., *Les Gabriel*, Paris, 1982.
14) GALLET Michel, *Les architectes parisiens du XVIIIe siècle. Dictionnaire biographique et critique*, Paris, 1995.
15) VIDLER Anthony, *L'espace des lumières. Architecture de philosophie de Ledoux à Fourier*, Paris, 1995; RABREAU Daniel, *La saline royale d'Arc-et-Senans. Un monument industriel: allégoire du Lumières*, Paris, 2002.
16) GUEDJ Denis, *La Révolution des savants*, Paris, 1988, p.83.
17) LENIAUD Jean-Michel, *Les bâtisseurs d'avenir: portraits d'architectes, XIXe-XXe siècle*, Paris, 1998.
18) E・ヴィオレ=ル=デュック『建築講話』飯田喜四郎訳、中央公論美術出版、１９８６年。
19) CHOLVY Gérard et HILAIRE Yve-Marie, *Histoire religieuse de la France comtemporaine, 1800/1880*, Toulouse, 1985.
20) 中野隆生『パリ・プラーグ街の住民たち』山川出版社、２０００年。
21) 阪上孝『近代的統治の誕生〜人口・世論・家族』岩波書店、１９９９年。
22) DES CARS Jean et PINON Pierre, *Paris Haussmann*, Paris, 1991; CARMONA Michel, *Haussmann*, Paris, 2000.
23) DUCUING François, *L'Exposition universelle de 1867 illustreé*, 2 vol., Paris, 1867.
24) LABAT Alexander, 《Charles Garnier et l'Exposition de 1889. L'Histoire de l'Habitation》, in *1889. La Tour Eiffel et l'Exposition universelle*, Paris, 1989, pp.130-161.

25) N・ペヴスナー『新版・ヨーロッパ建築序説』小林文次・山口廣・竹本碧訳、彰国社、1989年。
26) LE BRUSQ Arnauld et SELVA Léonard, *Vietnam à travers l'architecture coloniale*, Paris, 1999, pp.40-4.
27) 《Unité d'habitation》 par J. S., *in Le Corbusier, une encyclopédie*, Paris, 1999, pp.40-54.
28) W・アシュワース『イギリス田園都市の社会史〜近代都市計画の誕生』下総薫監訳、御茶の水書房、1987年。東秀紀・風見正三・橘裕子・村上暁信『「明日の田園都市」への誘い〜ハワードの構想に発したその歴史と未来』彰国社、2001年。

第七章　閉じこめの論理

1) IGNATIEFF Michael, 《Historiographie critique du système pénitentiaire》, in Jacques Guy PETIT, éd., *La prison, le bagne et l'histoire*, Paris, 1984, pp.9-17. P・ディヨン『監獄の時代』福井憲彦訳、新評論、1981年。
2) M・フーコー『監獄の誕生〜監視と処罰』田村俶訳、新潮社、1977年。
3) LEONARD Jacques, 《L'historien et le philosophe》, in Michelle PERROT, dir., *L'Impossible Prison*, Paris, 1980, pp.9-28.
4) 髙木勇夫「道徳のアカデミー論争」服部春彦・谷川稔編『フランス史からの問い』山川出版社、2000年、142-168頁。また、次を参照。PETIT Jacques Guy, *Ces peines obscures. La prison pénale en France 1780-1875*, Paris, 1990.

5) H・ランゲ『バスチーユ回想』安斉和雄訳、現代思潮社、１９６７年、１２３頁。

6) ヴォルテール『ルイ十四世の世紀』４巻、丸山熊雄訳、岩波文庫、１９５８-８３年。M・パニョル『鉄仮面の秘密』佐藤房吉訳、評論社、１９７６年。MAST M., *Le Masque de fer. Une solution révolutionnaire*, Paris, 1974.

7) ランゲ、前掲書、１２３-１２４頁。

8) J・ハワード『十八世紀ヨーロッパ監獄事情』川北稔・森本真美訳、岩波文庫、１９９４年、１７５頁。

9) HOWARD John, *L'état des prisons des hôpitaux et des maisons de force en Europe au XVIIIe siècle*, tr. par Christian CARLIER et Jacques-Guy PETIT, Paris, 1994, p.116.

10) L・S・メルシエ『十八世紀パリ生活誌〜タブロー・ド・パリ』原宏編訳、岩波文庫、１９８９年、下巻、２９２頁。

11) GUILLOT Adophe, *Paris qui souffre. La basse geôle du Grand-Châtelet et les morgues modernes*, Paris, 1888.

12) FUNCK-BRENTANO Frantz, *La Bastille des comédiens. Le For l'Evêque*, Paris, 1903.

13) GUILLOT A., *Les prison de Paris et les prisonnier*, 4 vol., Paris, 1890.

14) DAUBAN Charles Aimé, *Les prisons de Paris sous la Révolution*, Paris, 1870, reprod., Genève, 1977.

15) 『フランス革命期の公教育論』阪上孝編訳、岩波文庫、２００２年、１９１頁。

16) LURINE Louis, *Histoire des prisons de Paris*, Paris, 1881.

17) 「ウィーヌ氏・カルメル会修道女の対話」『ジョルジュ・ベルナノス著作集・４』渡辺義愛・岩瀬孝訳、春秋社、１９７９年。

18) TOLLET C., *Les edifices hospitaliers depuis leur origine jusqu'à nos jours*, Paris, 1892.
19) [LA ROCHEFOUCAULD-]LIANCOURT, *Rapport fait au nom du comité de Mendicité. Des visites faites dans divers Hôpitaux, Hospices et Maison de charité de Paris*, Paris, 1792, pp.37-69.
20) DELAMARE Jean, et DELAMARE-RICHE Thérèse, *Le Grand Renfermement. Histoire de l'hospice de Bicêtre 1657-1974*, Paris, 1990.
21) ディディ＝ユベルマン、前掲書、「補遺」３８５頁以下を参照。
22) JACQUES Annie et MOUILLESEAUX Jean-Pierre, *Les architectes de la liberté*, Paris, 1988, et pp.55-59.

第八章　パンデミーの時代

1) W・H・マクニール『疾病と世界史』佐々木昭夫訳、新潮社、１９８５年。
2) 村上陽一郎『ペスト大流行』岩波新書、１９８３年。
3) 杉本淑彦『ナポレオン伝説とパリ』山川出版社、２００２年。
4) 見市雅俊ほか『青い恐怖 白い街〜コレラ流行と近代ヨーロッパ』平凡社、１９９０年。見市雅俊『コレラの世界史』晶文社、１９９８年。
5) 安保則夫『ミナト神戸〜コレラ・ペスト・スラム』学芸出版社、１９８９年。柿本昭人『健康と病のエピステーメー』ミネルヴァ書房、１９９２年。
6) H・シッパーゲス『中世の医学』大橋博司・浜中淑彦ほか訳、人文書院、１９８８年。

7) 髙木勇夫『フランス身体史序説～宙を舞う〈からだ〉』叢文社、２００２年、１７４-１７５頁。
8) R・ダーントン『パリのメスマー』稲生永訳、平凡社、１９８６年。
9) P・ピネル『精神病に関する医学＝哲学論』影山任佐訳、中央洋書出版部、１９９０年。
10) L・シェルトーク／R・ド・ソシュール『精神分析学の誕生～メスメルからフロイトへ』長井真理訳、岩波書店、１９８７年。
11) E・H・アッカークネヒト『パリ病院1794-1848』舘野之男訳、思索社、１９７８年。
12) Y・ドゥランジュ『ラマルク伝～忘れられた進化論の先駆者』ベカエール直美訳、平凡社、１９８９年。
13) S・ロック／D・コリガン『内なる治癒力～こころと免疫をめぐる新しい医学』田中彰ほか訳、創元社、１９９０年。
14) P・ヴァレリー＝ラド『人間パストゥール』持田勲・持田明子訳、みすず書房、１９７９年。
15) LATOUR Bruno, *Pasteur, une science, un style, un siècle*, Paris, 1994.
16) G・L・ギーソン『パストゥール～実験ノートと未公開の研究』長野敬・太田英彦訳、青土社、２０００年。
17) DAGOGNET François, *Pasteur sans la légende*, Paris, 1994.
18) C・ベルナール『実験医学序説』三浦岱栄訳、岩波文庫、１９３９年・１９７０年。
19) P・ド・クライフ『微生物の狩人』上下、秋元寿恵夫訳、岩波文庫、１９８１年。
20) J・リュフィエ／J・C・スールニア『ペストからエイズまで』中澤紀雄訳、国文社、１９８８年。

1) ORY Pascal, *L'Expo universelle*, Paris, 1989.
2) GREENHALGH Paul, *Ephemeral Vistas*, New York, 1988.
3) BOUIN Philippe et CHANUT Christian-Philippe, *Histoire française des foires et des Expositions universelles*, Paris, 1980. 鹿島茂『絶景、パリ万国博覧会～サン＝シモンの鉄の夢』河出書房新社、１９９２年。
4) SIMOND Charles, *Paris de 1800 à 1900*, 3 vol., Paris, 1900.
5) REYBAUD Louis, op. cit., pp.232-240.
6) 上野喬『ミシェル・シュヴァリエ研究』木鐸社、１９９５年。
7) 松村昌家『水晶宮物語～ロンドン万国博覧会１８５１年』リブロポート、１９８６年。長島伸一『世紀末までの大英帝国』法政大学出版局、１９８７年。
8) W・シヴェルブシュ『楽園・味覚・理性～嗜好品の歴史』福本義憲訳、法政大学出版局、１９８６年。
9) SCHRŒDER-GUDEHUS Brigitte et RASMUSSEN Anne, *Les fastes du progrès. Le guide des Expositions universelles, 1851-1992*, Paris, 1992.
10) 吉田光邦『万国博覧会、技術文明的に』日本放送出版協会、１９８５年。同編『図説万国博覧会史１８５１－１９４２』思文閣出版、１９８５年。
11) RYDELL Robert W., *All the World's Fair*, Chicago/London, 1984.
12) 宮武公夫『テクノロジーの人類学』岩波書店、２０００年。
13) J・J・マカルーン『オリンピックと近代、評伝クーベルタン』柴田元幸・菅原克也訳、平凡社、１９

８８年。

14) Ｂ・トマス『ウォルト・ディズニー』玉置悦子・能登路雅子訳、講談社、１９８３年。能登路雅子『ディズニーランドという聖地』岩波新書、１９９０年。橋爪紳也『日本の遊園地』講談社現代新書、２０００年。

15) 吉見俊哉『博覧会の政治学、まなざしの近代』中公新書、１９９２年。

16) Ｗ・ベンヤミン『パサージュ論Ｖ』今村仁司ほか訳、岩波書店、１９９５年、49頁以下。

17) *Rapport sur l'Exposition universelle de 1855*, Paris, 1857; *Les grands dossiers de l'Illustration. Les Expositions universelles*, Paris, 1987.

18) *L'Exposition universelle de 1867 illustrée*, 2 vol., Paris, 1867.

19) *Les Merveilles de l'Exposition de 1889*, Paris, 1889; BIART Lucien, *Mes Promenades à travers l'Exposition.Souvenir de 1889*, Paris, 1890.

20) LEMOINE Bertrand, *La tour de Monsieur Eiffel*, Paris, 1989.

21) *L'Exposition universelle 1900*, préface de Jacques DUQUESNE, Paris, 1991; *L'Economie sociale et l'histoire du travail à Lyon*, Lyon, 1900.

22) *Arts et techniques dans la vie moderne* (Groupe III, Classes 10-13), Paris, 1937.

23) ORSENNA Erik, *L'Exposition coloniale*, Paris, 1988.

第十章　コロニアル・デザイン

1) X・ヤコノ『フランス植民地帝国の歴史』平野千果子訳、白水社、１９９８年。

2) CORNEVIN Robert et Marianne, *La France et les Français outre-mer. De la première Croisade à la fin du Second Empire*, Paris, 1990.

3) MARSEILLE Jacques, *Empire colonial et Capitalisme français, histoire d'un divorce*, Paris, 1984; Do., *L'Âge d'or de la France coloniale*, Paris, 1986.

4) GIRARDET Raoul, *L'Idée coloniale en France, 1871-1962*, Paris, 1972/1986. 平野千果子『フランス植民地主義の歴史』人文書院、２００２年。

5) LYAUTEY Hubert, 《La colonisation à Madagascar par les soldats》, *La Réforme sociale*, 1er janvier 1900, pp.129-139; Do., *Dans le Sud de Madagascar. Pénétration militaire, situation politique et economique 1900-1902*, Paris, 1903; Do., *Lettres du Tonkin et de Madagascar*, Paris, 1920, 2 vols.

6) CAMBON Paul, *Ambassadeur de France, 1843-1924*, Paris, 1937, p.291.

7) PYENSON Lewis, *Civilizing Mission. Exact Sciences and French Overseas Expansion, 1830-1940*, Baltimore/London, 1993.

8) LYAUTEY Hubert, *Paroles d'action: Madagascar, Sud-Oranais, Oran, Maroc (1900-1926)*, Paris, 1927, présenté par Jean-Louis MIÈGE, Paris, 1995.

9) POINCARÉ Raymond, *Au service de la France*, IX, *L'année trouble, 1917*, Paris, 1932, pp.22-90.

10) PORCH Douglas, *The Conquest of Morocco*, Paris, 1986.

11) HODEIR Catherine et PIERRE Michel, *L'Exposition coloniale*, Paris, 1991.
12) 四方田犬彦『モロッコ流謫』新潮社、２０００年、２０１-２０２頁。COWART Jack et al., *Matisse in Morocco: The Paintings and Drawings, 1912-1913*, London, 1990.
13) HOISINGTON jr. William A., *Casablanca Connection*, traduit en français sous le titre de *L'Heritage de Lyautey. Noguès et la politique française au Maroc 1936-1943*, Paris, 1995; Do., *Lyautey and the French Conquest of Morocco*, London, 1995.
14) Le général DUROSOY Maurice, *Lyautey, Maréchal de France 1854-1934*, Paris, 1984, p.235.
15) MIÈGE Jean-Louis, *Le Maroc*, Paris, 1952/1971; RIVET Daniel, *Lyautey et l'institution du protectorat français* au *Maroc*, 1912-1925, 3 vol., Paris, 1988; Do., *Le Maroc de Lyautey à Mohammed V, le double visage du Protectorat*, Paris, 1999.
16) GURY Christian, *Lyautey-Charlus*, Paris, 1998.
17) MAUROIS André, *Lyautey*, Paris, 1931.
18) M・プルースト『花咲く乙女のかげに』井上究一郎訳、河出書房新社、１９８９年、２３０頁。
19) MAXWELL George, *El Glaoui, dernière seigneur de l'Atlas*, Paris, 1968.
20) PROST Henri, *L'Œuvre d'Henri Prost. Architecture et urbanisme*, Paris, 1961; nouv. ed., 1966.
21) WRIGHT Gwendolyn, *The Politics of Design in French Colonial Urbanism*, Chicago, 1991.
22) RABINOW Paul, *French Modern. Norms and Forms of the Social Environment*, Cambridge, MS /London, 1989.

図版出典

図1a 「王妃のバレエ・コミーク」
TUILLIER Gaston, *La Danse*, Paris, 1898, pl.1.

図1b 「サン=ジェルマン森の妖精たち」
CHRISTOUT Marie-Françoise, *Le Ballet de cour au XVII*ᵉ *siècle*, Genève, 1987, p.95 et pp.162-163.

図1c プリマ・ドンナの競演とニジンスキー
Les Spectacles à travers les âges, t.2, *Musique・ Danse*, Paris, s.d.[1932], passim.

図2a ファンタスマゴリー
ROBERT-HOUDIN, *Confidences d'un prestidigitateur*, Paris, 1858, prés. par Christian FECHNER, Paris, 1995, p.14.

図2b カム画「パリ劇場の観客」
TEXIER Edmond, *Tableau de Paris*, T.1, Paris, 1852, p.113.

図2c グランヴィル画「ベルリオーズの演奏会」
REYBAUD Louis, *Jérôme Paturot à la recherche de la meilleure position sociale*, Paris, 1845, [p.202].

図3a 大元帥ゲクランとシャルル5世
CHANCEL Jules, éd., *Les grands moments du sport*, Paris, 1997, pp.26-27 et p.35.

図3b フランス式ボクシング（師範シャルルモンの練習風景）

Les sports modernes illustrés, Paris, s.d.[1905], p.79.

図 3c　ボールゲームの系譜（ジュ・ド・ポームとジュ・ド・バロン）

D'ALLEMAGNE Henry René, *Sports et Jeux d'adresse*, Paris, s.d., p.172 et p.161.

図 4a　『ベリー公のいとも豪華なる時祷書』（2月、冬の農家）

木島俊介『ヨーロッパ中世の四季』中央公論社、１９８３年、16頁。

図 4b　『帽子屋パチュロの冒険』続編の扉

REYBAUD, op. cit., [p.159].

図 4c　「男のすなる野外生活を女もしてみんとて…」

La Caricature, 10 Septembre 1881.

図 5a　若き日のテロワーニュ・メリクール

GUTWIRTH Madelyn, *The Twilight of Goddesses*, New Brunswick, NJ, 1992, p.291.

図 5a-bis　サルペトリエールのテロワーニュ・メリクール

LURINE Louis, *Histoire des prisons de Paris*, Paris, 1881, p.197.

図 5b　ジルベール=マルタン画「女市民ルイーズ・ミシェル」

OSTERWALDER Marcus, *Dictionnaire des illustrateurs 1800-1914*, Neuchâtel (Suisse), 1989, p.428.

図 5c　「あなたの〈からだ〉が戦場なのよ」（クルーガー、１９８９年）

Love for Sale. The Words and Pictures of Barbara Kruger, text by Kate LINKER, New York, 1990, [p.58].

図 6a　ロワール河谷とイール・ド・フランス地方の城館

PEROUSE DE MONTCLOS Jean-Marie, *L'architecture à la française, XVIe, XVIIe, XVIIIe siècles*, nouv.

éd., Paris, 2001, annexe.

図6b ポワイエによるオテル=ディウ移転計画

GUEDJ Denis, *La Révolution des savants*, Paris, 1988, p.83.

図6c オスマン化

DES CARS Jean et PINON Pierre, *Paris・Haussmann*, Paris, 1991, annexes.

図7a ピラネージ画『牢獄』(18世紀半ば)

PETIT Jacques-Guy et al., *Histoire des galères, bagnes et prisons, XIIIe-XXe siècle*, Toulouse, 1991, fig.1.

図7b パリ奉行所(シャトレ)

MERIAN Gaspard, *Paris et l'Ile de France au XVIIe siècle*, 1660, reprod., Paris, 1986, p.35..

図7c ビセートルとサルペトリエール

HUSSON Armand, *Étude sur les Hôpitaux*, Paris, 1862, pl.VI et VII.

Ibid., pl. XXXII.

図8a 黄道十二宮人(イタリア、15世紀末)

坂本満(監修)『アルス・メディカ』(財)安田火災美術財団、1989年、16頁。

図8b メスメリスムの流行

SAUCEROTTE Constant, *Les Médecins pendant la Révolution*, Paris, 1989, p.46.

図8c ロベール・トム画「パストゥール」

LATOUR Bruno, *Pasteur. une science, un style, un siècle*, Paris, 1994, p.48.

図9a 1798年パリ産業博覧会

Paris, Les lieux de la Révolution 1789-1799, Paris, 1989, pl.7-6.

図9b　１８６７年万国博の会場
Les Grands Dossiers de l'Illustration, Paris, 1989, pp.12-13 et pp.48-49.

図9c　１９００年万国博の噴水と電気館
Exposition universelle 1900, Paris, 1900, reprod., s.p., 1991, p.105.

図10a　フランスによるモロッコ占領の進展
RIVET Daniel, *Le Maroc de Lyautey à Mohammed V, le double visage du Protectorat*, Paris, 1999, p.50.

図10b　パリ植民地博覧会（１９３１年５月６日の開会式）
Le général DUROSOY Maurice, *Lyautey, Maréchal de France 1854-1934*, Paris, 1984, [p.206].

図10c　カサブランカとフェズの都市計画図
HAUTECŒUR Louis, *L'Œuvre de Henri Prost*, s.p.[Paris], 1960, [p.75 et p.105].

初出一覧

第一章　宮廷バレエから古典バレエへ
「バレエと〈劇場〉的空間」遠藤保子（編）『舞踊における〈劇場〉的空間の変遷』水野スポーツ財団研究成果報告書、１９９８年、31～42頁。

第二章　パリ劇場通信
「L・レーボーの社会戯評」『名古屋工業大学紀要』47巻、１９９６年、53～68頁。

第三章　人文主義とスポーツ
書き下ろし

第四章　下着とジェンダー
「下着とジェンダー～ヨーロッパ文明の外被をはぐ」『科学とボディ・イメージ』髙木勇夫・川島慶子（編）人間社会論集Ⅱ、２００１年、33～49頁。

第五章　身体史としての女性史
「身体史としての女性史」『総合講座・人間再発見』名古屋工業大学・人文社会教室編、１９９６年、99～104頁、に加筆。

第六章　建築における古典とロマン
　書き下ろし
第七章　閉じこめの論理
「モラルの形象～フランス監獄史」『名古屋工業大学紀要』46巻、1995年、21～34頁。
第八章　パンデミーの時代
「コレラ・パンデミーの伝播」『歴史の理論と教育』80号、1991年、1～13頁、および「清潔イデオロギーの終焉～フランス身体史覚書」『公共空間の再生』高木勇夫・竹野忠弘（編）人間社会論集Ⅲ、2002年、65～78頁。
第九章　万博都市の光と影
「万博都市パリの光と影」『名古屋工業大学紀要』49巻、1998年、99～118頁。
第十章　コロニアル・デザイン
「フレンチ・コロニアル・デザイン～リヨテ元帥の保護国モロッコ」『名古屋工業大学紀要』53巻、2003年、25～38頁。

あとがき

21世紀に入ってから最初の10年間の前半は順調に執筆をこなし、1年置きに新刊を刊行することができた。最近の数年間は鳴かず飛ばずで、単著の種が尽きたかと読者には思われたかもしれない。グローバル経済の市場至上主義と大学に吹き荒れた教育原理主義（教員の自己評価や学生による授業評価）にもめげず、ひそかに次の10年間の飛躍を夢想していたことは確かである。いまのところスポーツ史、パリ風俗史、科学研究費取得の名目とした研究書、それに地元の名古屋をとりあげた都市論をそれぞれ1点で都合4冊、各400枚の原稿を準備している。他にも、これまで書いてきたエッセーや書評を意味ある形でまとめなければならない。

同世代のまじめな歴史研究者の仕事ぶりと比べると、量質ともに不満が残るが、書くよりも話すほうが先という、父母から授かった才能を思えば、これでもよくやってきたほうだと思う。今年還暦を迎える私は、自分のたどってきた人生を、大いなる悔いとともに振り返るべき年齢となった。

以下には、この間に物故された恩師、先輩、畏友の名をあげて、私なりの感謝の気持ちを捧げたい。歴史の教職への道筋をつけてくださった義井博先生、高校と大学の先輩である中村豊先生、大学の同窓である松塚敏美さん（松塚俊三先生の令夫人）。ありがとうございました。時宜にかなったご忠言、励ましのお言葉、はたまたともに過ごすことのできた貴重な経験を懐かしく思い出します。あなたたちの思い出を胸に、あと数冊といわず、命のあるかぎり、世間に向けて私なりに考えるところを明らかにしていきたいと思っています。

最後に、つねと変らない態度で私の執筆活動をささえてくださった叢文社専務の佐藤公美さんにお礼申しあげたい。手元の原稿のうち、どれだけ御社に預けられるかはわからないけれども、せめて身体論・スポーツ史だけは日の目を見させてやってください。私のほうでも、新刊企画を売りこむだけでなく、本書に続いて旧版の改訂を出し続けられるよう、努力を怠らないつもりです。

２０１０年１月

髙木勇夫

高木勇夫（たかぎ・いさお）

名古屋工業大学教授（大学院社会工学専攻）。1950年名古屋市生まれ。名古屋大学文学部（史学科）卒、同大学大学院文学研究科前期課程・後期課程（西洋史専攻）修了。その間、文部省海外派遣学生としてオバリン大学に留学（合衆国オハイオ州、74～75年）。81年名古屋音楽大学非常勤講師、83年同常勤講師、86年名古屋工業大学講師（人文社会教室）に転じ、88年同助教授、98年教授（人間社会科学講座）、2003年から現職。

専門は近代フランス政治社会史。おもな業績に「二月革命と普通選挙」（阪上孝編『1848～国家装置と民衆』ミネルヴァ書房、1985年、所収）、「フランス学士院・道徳政治科学部門」（長谷川博隆編『国家・中間権力・民衆』名古屋大学出版会、1990年、所収）、『青い恐怖 白い街～コレラ流行と近代ヨーロッパ』（共著、平凡社、1991年）、「道徳のアカデミー論争」（服部春彦・谷川稔編『フランス史からの問い』山川出版社、2000年、所収）、『近代スポーツの超克』(松本芳明・野々宮徹と共編著、叢文社、2001年)、『フランス身体史序説～宙を舞う<からだ>』（叢文社、2002年）など。訳書にD・ウートラム『フランス革命と身体～性・階級・政治文化』（平凡社、1993年）、G・ヴィガレロ『清潔になる<私>』（共訳、同文舘、1994年）、L・レーボー『帽子屋パチュロの冒険』（ユニテ、1997年）などがある。

元・スポーツ史学会理事（1996～2000、2008～2009）。人間社会科学研究会を主宰、同会による講演会の記録として『自己の内なる他者』（永渕康之と共編著、2000年）、『科学とボディ・イメージ』（川島慶子と共編著、2001年）、『公共空間の再生』（竹野忠弘と共編著、2002年）を発行した。

増補改訂版
『〈からだ〉の文明誌—フランス身体史講義』

発　行／2003年4月1日　第1刷
　　　　2012年4月1日　第3刷
編　著／高木勇夫
発行人／伊藤太文
発行元／株式会社叢文社
〒112-0014
東京都文京区関口1-47-12 江戸川橋ビル
TEL 03-3513-5285
FAX 03-3513-5286

編　集／佐藤公美
印　刷／大日本印刷株式会社

定価はカバーに表示してあります。
乱丁・落丁についてはお取り替えいたします。

ISBN978-4-7947-0451-1